A CRISE
NO CONSELHO DE JUSTIÇA
DA FEDERAÇÃO PORTUGUESA
DE FUTEBOL

Diogo Freitas do Amaral

A CRISE
NO CONSELHO DE JUSTIÇA
DA FEDERAÇÃO PORTUGUESA
DE FUTEBOL

(PARECER JURÍDICO)

A CRISE NO CONSELHO DE JUSTIÇA
DA FEDERAÇÃO PORTUGUESA DE FUTEBOL

AUTOR
DIOGO FREITAS DO AMARAL

EDITOR
EDIÇÕES ALMEDINA. SA
Av. Fernão Magalhães, n.º 584, 5.º Andar
3000-174 Coimbra
Tel.: 239 851 904
Fax: 239 851 901
www.almedina.net
editora@almedina.net

PRÉ-IMPRESSÃO | IMPRESSÃO | ACABAMENTO
G.C. – GRÁFICA DE COIMBRA, LDA.
Palheira – Assafarge
3001-453 Coimbra
producao@graficadecoimbra.pt

JULHO, 2008

DEPÓSITO LEGAL
280589/08

Os dados e as opiniões inseridos na presente publicação são da exclusiva responsabilidade do(s) seu(s) autor(es).

Toda a reprodução desta obra, por fotocópia ou outro qualquer processo, sem prévia autorização escrita do Editor, é ilícita e passível de procedimento judicial contra o infractor.

Biblioteca Nacional de Portugal - Catalogação na Publicação

AMARAL, Diogo Freitas do, 1941-

A crise no Conselho de Justiça da Federação
Portuguesa de Futebol : (parecer jurídico)
ISBN 978-972-40-3601-4

CDU 342
    061
    796

Nota Prévia

De vários lados me chegaram pedidos insistentes no sentido de divulgar na íntegra o parecer jurídico que me foi solicitado pela Federação Portuguesa de Futebol, em 8 de Julho do ano corrente, sobre a crise ocorrida no dia 4 no respectivo Conselho de Justiça. O parecer foi entregue em 24 de Julho.

Com a devida autorização da entidade consulente – e sendo prática habitual entra os jurisconsultos a publicação de pareceres seus em opúsculo – decidi torná-lo público, até porque este caso, verdadeiramente singular, suscita vários e importantes problemas, novos, no âmbito do Direito Administrativo, bem como noutros ramos do Direito público e privado, onde haja normas que regulem o funcionamento de órgãos colegiais.

Agradeço às Edições Almedina, de Coimbra, o pronto acolhimento que deu à ideia de editar, num curto prazo, mais esta minha obra jurídica.

E aproveito também para agradecer, de forma expressa, a excelente colaboração que me prestou, sob todos os aspectos, na elaboração deste parecer, o Prof. Doutor Pedro Machete, da Faculdade de Direito da Universidade Católica Portuguesa, que tive o grande gosto de ter como aluno e que tenho hoje a satisfação de ter como colega.

DIOGO FREITAS DO AMARAL

Consulta

Através do Exmo. Presidente da Federação Portuguesa de Futebol "(FPF)", foi pedido no dia 8 de Julho passado, com carácter de urgência, o meu parecer jurídico – no âmbito do Direito Administrativo – sobre a questão de saber se na reunião do Conselho de Justiça ("CJ") da referida FPF, de 4 de Julho de 2008, foram ou não cometidas quaisquer ilegalidades e, se o foram, quais as respectivas consequências jurídicas no plano da validade e da eficácia dos actos praticados, bem como na situação jurídica dos membros do CJ ali declarados impedidos ou suspensos.

Ficou assente que este parecer não se pronunciará sobre o conteúdo das deliberações aprovadas na última parte da reunião, designadamente no que toca ao julgamento dos recursos interpostos dos acórdãos da Comissão Disciplinar da Liga Portuguesa de Futebol Profissional ("Comissão Disciplinar da Liga"), no âmbito do processo conhecido como "Apito Final".

Foi-me pedida também uma opinião, na Conclusão Geral, sobre as bases e os limites jurídicos a ter em conta pela FPF na procura de uma solução para o impasse em que se encontra o CJ.

PARECER

§ 1.º
Considerações preliminares

1. O plano da exposição a que obedece o presente parecer é o seguinte:

§ 1.º Considerações preliminares
§ 2.º Como surgiu o problema?
§ 3.º Questões a resolver
§ 4.º Os factos relevantes e o Direito aplicável
§ 5.º Síntese das conclusões parcelares
§ 6.º Conclusão geral

No final, após as Conclusões, juntarei uma pequena *Adenda*, com algumas recomendações.

2. Como decorre do objecto da Consulta que me foi feita e, bem assim, do facto de eu ser especialista em Direito Administrativo, o presente parecer não visa apurar se foram juridicamente acertadas ou erróneas as deliberações aprovadas na segunda e terceira partes da reunião do CJ da FPF (se é que houve, na realidade, uma reunião válida desse órgão – ponto que apuraremos na devida altura).

O parecer não vai incidir, portanto, sobre a questão de saber se devia ter sido dado, ou recusado, provimento, entre outros, aos recursos interpostos pelo Boavista Futebol Clube e pelo Sr. Jorge Nuno Pinto da Costa das decisões sancionatórias que foram proferidas contra eles pela Comissão Disciplinar da Liga.

Nem tão-pouco vai este parecer examinar a correcção ou incorrecção jurídica dos fundamentos apresentados pelos relatores dos acórdãos pertinentes para justificarem as decisões de provimento que foram propostas e aprovadas.

3. O que me foi pedido – e o que farei – é tão-somente isto: averiguar se foi legal ou ilegal, do ponto de vista do Direito Administrativo, o modo como decorreu a reunião do CJ de 4 de Julho de 2008. Isto é: foram legais ou ilegais, sob o mesmo ponto de vista, as decisões tomadas ou comunicadas nessa reunião, quer pelo presidente do CJ, quer pelos cinco vogais que permaneceram reunidos após a saída do presidente e do vice-presidente?

Se alguma ou algumas dessas decisões forem ilegais, elas são nulas ou anuláveis? E que consequências jurídicas se seguem, no plano do Direito Administrativo, da qualificação de qualquer das decisões tomadas como nula ou como anulável?

Em consequência da resposta dada às questões anteriores, qual a situação jurídica em que se encontram, neste momento, igualmente à luz do Direito

Administrativo, o vogal Dr. João Abreu – que foi declarado *impedido* de participar na decisão de certos processos – e o presidente do CJ – que foi declarado *suspenso* das suas funções?

E, por último, qual a *base jurídica* adequada para se sair do impasse em que se encontra o CJ?

4. Dou como assentes – por ser essa a minha opinião e por me ter sido dito que é também a opinião unânime dos vários órgãos sociais da FPF – os seguintes pressupostos de facto e de direito, que não vou discutir aqui, pois ninguém os pôs em causa:

a) A FPF é uma pessoa colectiva de direito privado, sem fins lucrativos, de tipo associativo, criada em 1914;

b) A FPF, sendo embora uma entidade privada, foi declarada de *utilidade pública* em 15 de Junho de 1978 (D.R., II, de 20-6-78), e foi declarada de *utilidade pública desportiva* em 1 de Setembro de 1995 (D.R., II, de 14-9-95);

c) Nesses termos, e como decorre da legislação administrativa em vigor, a FPF está oficialmente incumbida do que a doutrina do Direito Administrativo designa como *exercício privado de funções públicas*, legitimado por delegação operada por lei;

d) Um dos órgãos sociais da FPF é o CJ, a quem cabe o desempenho, entre outras, de funções de tipo disciplinar e jurisdicional – nomeada-

mente, o julgamento dos recursos interpostos das decisões de vários órgãos da FPF, bem como das decisões da Comissão Disciplinar da Liga;
e) O funcionamento normal do CJ é regulado, em primeira linha, por um "Regimento do Conselho de Justiça da FPF", aprovado na Assembleia Geral Extraordinária de 28 de Agosto de 1999, com alterações introduzidas em 2000 e 2001;
f) Nos casos omissos, o artigo 76.º do mencionado Regimento manda aplicar, subsidiariamente, o Código do Procedimento Administrativo ("CPA") e a Lei de Processo nos Tribunais Administrativos e Fiscais ("LEPTA"), devendo entender-se que esta se encontra hoje substituída pelo Código de Processo nos Tribunais Administrativos ("CPTA"). São ainda aplicáveis, quando for caso disso, as normas para que qualquer dos códigos citados remeta, nomeadamente as do Código de Processo Civil;
g) Enfim, sublinhe-se que, na orgânica actual do Direito Desportivo português, o CJ da FPF é o órgão jurisdicional e disciplinar máximo do sistema de justiça desportiva nacional no que diz respeito ao futebol, pelo que as suas decisões, quando transitadas, constituem caso julgado (art. 56.º, n.º1, do Regimento), não havendo recurso delas para qualquer outro órgão social da FPF ou da justiça desportiva

nacional. Isto sem prejuízo, é claro, do recurso que a lei admita aos tribunais administrativos em matérias que não sejam "estritamente desportivas".

5. É com base nestes pressupostos, e à luz das leis e regulamentos aplicáveis, que será elaborado o presente parecer.

§ 2.º
Como surgiu o problema?

6. Considero útil e conveniente fazer aqui, antes de entrar no objecto principal do parecer, uma breve síntese sobre a forma como surgiu o problema de que me irei ocupar. (Baseio-me na "cronologia" publicada no "Expresso" de 12-7-08, 1.º caderno, p. 34).

7. Tudo começou com o aparecimento de suspeitas da prática de actos de corrupção e coacção no futebol, no âmbito de várias investigações criminais levadas a cargo pelos competentes órgãos do Estado (Ministério Público e Polícia Judiciária). Foram arguidos nesse caso – que ficou conhecido pelo nome de "Apito Dourado" –, entre outras entidades, o Futebol Clube do Porto e o Boavista Futebol Clube, bem como os Srs. Jorge Nuno Pinto da Costa e João Loureiro.

8. Na sequência desses factos, e com base naqueles que foram apurados no âmbito das referidas investigações criminais, a Comissão Disciplinar da Liga abriu três processos de inquérito, que deram origem a múltiplos processos disciplinares, os quais

terminaram em 9 de Maio de 2008 com a aplicação, entre outras, de diversas sanções disciplinares.

Os processos de inquérito e os pertinentes processos disciplinares – denominados agora, no âmbito da Comissão Disciplinar da Liga e da FPF, como "Apito Final" – instaurados pela Comissão Disciplinar da Liga foram os seguintes, na parte que interessa ao objecto deste parecer:

a) *Inquérito n.º 2*: processo disciplinar *n.º 38-07//08* (arguido: Boavista SAD) cuja decisão deu origem ao Recurso perante o CJ n.º 36;

b) *Inquérito n.º 5*: processo disciplinar *n.º 14-07//08* (arguidos: União Desportiva Leiria, SAD; João Alberto Amado Bartolomeu; Bernardino Santos Silva) cuja decisão deu origem aos Recursos perante o CJ n.os 33 a 35;

c) *Inquérito n.º 13*: todos os restantes processos disciplinares respeitantes ao caso denominado "Apito Final":

– *PD n.º 39-07/08* (arguidos: Boavista SAD e João Loureiro) cuja decisão deu origem aos Recursos perante o CJ n.os 37 e 38;

– *PD n.º 40-07/08* (arguidos: Boavista SAD e João Loureiro) cuja decisão deu origem aos Recursos perante o CJ n.os 39 e 40;

– *PD n.º 41-07/08* (arguidos: Futebol Clube do Porto SAD, Jorge Nuno Pinto da Costa, Jacinto Paixão, José Chilrito e Manuel Quadrado) cuja decisão deu origem aos Recursos perante o CJ n.os 41, 42 e 43;

- *PD n.º 42-07/08* (arguidos: Futebol Clube do Porto SAD, Jorge Nuno Pinto da Costa e Augusto Duarte) cuja decisão deu origem aos Recursos perante o CJ n.ºˢ 44 e 45;
- *PD n.º 43-07/08* (arguido: Manuel Martins Santos) cuja decisão deu origem ao Recurso perante o CJ n.º 46.

9. Esclareça-se que, nos casos mais falados, as sanções disciplinares aplicadas pela Comissão Disciplinar da Liga foram as seguintes:

a) O Boavista foi punido com a descida de divisão;

b) O Porto foi punido com a perda de 6 pontos na época de 2007-2008;

c) O Sr. Pinto da Costa foi suspenso de quaisquer actividades directivas por 2 anos;

d) O Sr. João Loureiro foi suspenso das mesmas actividades por 4 anos.

A reacção dos visados não foi idêntica: enquanto o Futebol Clube do Porto SAD resolveu não recorrer das decisões que o afectaram, o Sr. Pinto da Costa e o Boavista Futebol Clube recorreram para o órgão jurisdicional máximo da justiça desportiva da Federação Portuguesa de Futebol, o respectivo CJ. Estes recursos foram interpostos em 15 de Maio de 2008 (informação da secretaria da FPF).

10. Quando os relatores dos processos em recurso perante o CJ deram por prontos os seus projectos

de acórdão, foi finalmente marcada para 4 de Julho a reunião do CJ em cuja ordem de trabalhos estavam inscritos na tabela, para julgamento, a quase totalidade dos recursos referentes ao caso "Apito Final", e nomeadamente os recursos interpostos pelo Boavista F.C. e pelo Sr. Pinto da Costa.

11. A reunião do CJ teve lugar, efectivamente, no dia 4 de Julho passado.

Mas decorreu de forma pouco habitual, como pormenorizadamente descreverei no § 4.º.

Em resumo, pode dizer-se que a perturbação criada no mundo do futebol – e na opinião pública – resultou dos seguintes factos principais:

    a) Perto das 18h, o presidente do CJ declarou não haver condições para continuar aquela reunião e decidiu encerrá-la antecipadamente, antes de o CJ ter apreciado e votado qualquer dos recursos referentes ao caso "Apito Final" e inscritos na tabela para decisão nesse dia (incluindo os recursos do Boavista F.C. e do Sr. Pinto da Costa), após o que se ausentou da reunião, no que foi seguido – alguns minutos depois – pelo vice-presidente do CJ, Dr. Costa Amorim;

    b) Os cinco vogais que ficaram na sala decidiram, entretanto, continuar a reunião, designaram um presidente e passaram a apreciar e votar, primeiro sobre as decisões tomadas ou comunicadas na primeira parte da reunião, e depois sobre os assuntos inscritos na ordem de trabalhos, tendo confirmado sem alterações, entre outras, as decisões sancionatórias do Boavista F.C. e do Sr. Pinto da Costa, proferidas em 1.ª instância pela Comissão Disciplinar da Liga.

12. Compreende-se bem que – mesmo abstraindo da grande dimensão mediática desde o início assumida pelo caso – há aqui, pelo menos, duas delicadas questões jurídicas a resolver:

   a) Podia o presidente do CJ, naquelas circunstâncias concretas, declarar o encerramento imediato da reunião? Foi legal ou ilegal a decisão?
   b) Podiam os 5 vogais do CJ, após a reunião ter sido declarada encerrada pelo presidente, e na ausência deste, bem como na ausência do vice-presidente, prosseguir com a reunião, nos termos em que o fizeram, e tomar validamente as decisões que tomaram? Isso foi legal ou ilegal?

13. Assim surgiu o problema essencial que tanta polémica e preocupação tem causado.

O presente parecer destina-se a procurar esclarecer, com a maior nitidez e rigor possíveis, o que se passou e, em consequência, apurar como é que o Direito aplicável trata, um a um, os factos ocorridos.

Haverá, naturalmente, que abordar mais questões jurídicas do que as duas acabadas de enunciar:

mas essas duas são, sem dúvida, as principais. Todas ou quase todas as outras giram em volta delas.

14. Desejo esclarecer, desde já, que solicitei encontros separados comigo – para uma mais rigorosa averiguação dos factos ocorridos – a todos os membros do CJ, bem como ao respectivo secretário (que é funcionário da FPF).

Foram ouvidos, na sede da FPF, em Lisboa:

a) *Na tarde de 6.ª feira, 11 de Julho*, por não se encontrar em Portugal na semana seguinte: o vogal Dr. João Abreu;
b) *Na tarde de 4.ª feira, 16 de Julho*: os vogais drs. Francisco Mendes da Silva e Eduardo Santos Pereira;
c) *Na manhã de 5.ª feira, 17 de Julho*: o vogal Dr. José Diogo Salema Pereira dos Reis, e o secretário do CJ, Dr. João Leal;
d) *Na tarde de 5.ª feira, 17 de Julho*: o vice-presidente do CJ, Dr. Elísio da Costa Amorim, e o presidente do CJ, Dr. António José da Rocha Gonçalves Pereira;
e) *Na manhã de 6.ª feira, 18 de Julho*: o vogal Dr. Álvaro Batista.

Todas as reuniões decorreram, durante mais de uma hora cada uma, dentro da maior serenidade e urbanidade. Ninguém fez acusações pessoais a ninguém. Ninguém anunciou ameaças contra ninguém. Foram oito sessões agradáveis e cordatas.

Nenhum interessado ou contra-interessado nos recursos solicitou qualquer audiência, que aliás não era obrigatória.

15. Vamos agora entrar na parte central deste parecer. Avançaremos de acordo com a ordem seguinte:

- Primeiro, há que enunciar, de modo sucinto, as questões a esclarecer (§ 3.º);
- Depois, haverá que fazer, para cada uma das questões que se colocam, a descrição dos *factos relevantes* e proceder à *aplicação do direito* a esses factos (é o que se fará no § 4.º);
- E, em consequência do que for dito nos §§ 3.º e 4.º, poderá então ser formulada a *síntese das conclusões parcelares* (§ 5.º) e a *conclusão geral* (§ 6.º).

16. Como é do conhecimento público, tive, quer na audição das pessoas presentes na reunião de 4 de Julho, quer na elaboração do meu parecer, o apoio técnico-jurídico do Sr. Prof. Doutor Pedro Machete, especialista em Direito Administrativo e professor auxiliar da Faculdade de Direito da Universidade Católica Portuguesa (Lisboa). Também tive acesso a toda a documentação necessária, que me foi disponibilizada pelo assessor da FPF, Dr. Paulo Lourenço, e pelo secretário do CJ, Dr. João Leal.

Mas é evidente que sou eu, signatário deste texto, o único responsável pelo seu conteúdo, especialmente se ele contiver qualquer erro ou omissão.

§ 3.º
Questões a resolver

17. Para poder abordar, de forma clara e compreensível, as múltiplas questões que importa esclarecer, vou dividi-las, por ordem cronológica, nas alíneas seguintes:

1) Antecedentes da reunião de 4 de Julho;
2) Os primeiros 75 minutos da reunião;
3) Impedimentos suscitados e decisão tomada;
4) Quarenta minutos de alguma tensão e encerramento antecipado da reunião;
5) Acta da primeira parte da reunião;
6) Uma hora de ponderação sobre o que fazer;
7) Reabertura da reunião e designação de um presidente-substituto;
8) A segunda parte da reunião;
9) A terceira parte da reunião;
10) Acta da segunda e terceira partes da reunião;
11) Factos posteriores à reunião de 4 de Julho.

18. São estas as questões que vou abordar de seguida. Dentro de cada alínea, farei sempre uma divisão em duas secções:
a) Os factos relevantes;
b) O Direito aplicável.

§ 4.º
Os factos relevantes
e o Direito aplicável

19. A apreciação das questões jurídicas decorrentes da Consulta e mencionadas nos n.ºs 3 e 12, bem como a descrição genérica da reunião do CJ de 4 de Julho de 2008 feita no n.º 11, tornam patente a necessidade de uma análise dos factos relevantes ocorridos antes, durante e depois dessa reunião. Tal análise seguirá, por isso, uma ordem fundamentalmente cronológica, distinguindo os seus antecedentes mais significativos, os termos em que a mesma reunião decorreu, e alguns factos posteriores ao seu termo. No que se refere, em especial, ao decurso da reunião, e sem esquecer que o momento do seu encerramento constitui justamente uma das questões controvertidas, serão consideradas, para efeitos de análise, três partes, de resto, identificáveis na acta correspectiva, tal como inserta nas folhas 24 a 27 do Livro de Actas n.º 1 do mandato de 2007 a 2011 do CJ, e junta como Anexo I ao presente Parecer:

– Uma primeira parte correspondente ao período de tempo compreendido entre o início da reunião e o momento em que o presidente do CJ decide declará-la encerrada;

– Uma segunda parte em que, na ausência do presidente e do vice-presidente do CJ, os respectivos vogais deliberam continuar a reunião e decidir sobre questões suscitadas durante a primeira parte da reunião;
– Uma terceira parte em que os mesmos vogais decidem os recursos inscritos na Tabela correspondente ("Tabela – Recursos").

(1) *Antecedentes da reunião de 4 de Julho*

a) *Os factos relevantes*

20. São os seguintes os factos apurados:

Entre as diversas situações ocorridas anteriormente à reunião do CJ de 4 de Julho de 2008, cumpre salientar três: em primeiro lugar, as sucessivas recomposições do próprio CJ durante os primeiros catorze meses do quadriénio para o qual os seus membros foram eleitos (i); em segundo lugar, a discussão informal entre vários membros do CJ, entre eles o seu presidente e o seu vice-presidente, da eventual incompatibilidade do vogal Dr. João Abreu devido à sua integração na lista de peritos prevista no "Regulamento do Estatuto, da Inscrição e Transferências de Jogadores" (ii); e, finalmente, as críticas veiculadas pela comunicação social quanto ao atraso ou mesmo a existência de "manobras dilatórias" para que o CJ não decidisse ou não adiasse a decisão dos recursos interpostos dos acórdãos condenatórios da

Comissão Disciplinar da Liga por alguns dos arguidos (iii).

Quanto a (i): recomposições do CJ

Nos termos estatutários, os titulares dos órgãos sociais da FPF são eleitos, em lista única, para um mandato com a duração de quatro anos, "correspondendo ao ciclo do Campeonato do Mundo de Futebol Sénior" (arts. 13.º-1 e 15.º-1). As listas candidatas integram, além do número total de efectivos – no caso do CJ: um presidente, um vice-presidente e cinco vogais (art. 45.º) –, um número de suplentes não inferior a um terço dos efectivos (art. 63.º-3).

Os membros efectivos da lista candidata ao CJ eleitos na Assembleia Geral ordinária realizada em 6 de Janeiro de 2007 foram empossados uma semana depois, isto é, em 13 de Janeiro de 2007.

Sucede que, em 23 de Novembro do mesmo ano, o presidente do CJ, o Conselheiro jubilado Dr. Her-culano Moreira Lima, renuncia ao respectivo cargo. Em consequência, o então vice-presidente Dr. António Gonçalves Pereira assume a presidência, o 1.º vogal efectivo, Dr. Costa Amorim, passa a vice-presidente e, em 17 de Dezembro seguinte, o primeiro suplente da lista, Dr. Francisco Cravo, é empossado como vogal do órgão em apreço.

Todavia, em 25 de Fevereiro de 2008, este último também renuncia ao cargo, o mesmo fazendo, no dia 28 seguinte, o segundo vogal efectivo, Dr. Silva e Sousa. Tal determinou que os restantes suplentes da lista eleita pouco mais de um ano antes, respectivamente, o Dr. João Abreu e o Dr. Salema dos Reis, fossem empossados em 7 de Março de 2008 como vogais efectivos do CJ.

Ou seja, o CJ assumiu a composição com que foi realizada a reunião de 4 de Julho de 2008 pouco menos de quatro meses antes. Contudo, a primeira reunião do CJ com tal composição ocorre apenas em 11 de Abril de 2008. Nesta última reunião, de resto, foi aprovado, entre outros, e por unanimidade, um projecto de acórdão já relatado pelo Dr. João Abreu (processo de recurso n.º 6 da época 2007/2008).

Quanto a (ii): discussão sobre incompatibilidades

Na reunião do CJ realizada no dia 29 de Abril de 2008 – a segunda em que os dois últimos suplentes da lista tomaram parte como efectivos – foi votado o processo de recurso n.º 20 da época 2007-2008 (caso "Belenenses e Meyong"), o qual tinha por objecto uma questão relativa à regularidade da transferência do jogador em causa.

Após a reunião, todos os membros do CJ, com excepção dos vogais drs. Mendes da Silva e Salema dos Reis, foram almoçar juntos. Nessa ocasião, o vogal Dr. João Abreu justificou a posição por si assumida na discussão do acórdão referente ao citado processo de recurso, considerando-se particularmente bem informado sobre as regras aplicáveis por, entre outras razões, integrar a lista de peritos prevista no art. 14.º do "Regulamento do Estatuto, da

Inscrição e Transferências de Jogadores", por indicação da Associação de Futebol de Setúbal. Esta lista foi publicitada através de um comunicado oficial da Federação Portuguesa de Futebol (n.º 318), em 26 de Março de 2008.

Foi discutido entre os presentes se a integração naquela lista seria susceptível de criar algum constrangimento ao exercício de funções do Dr. João Abreu, enquanto vogal do CJ. A questão foi analisada, à luz do disposto em matéria de incompatibilidades, quer nos Estatutos da FPF (art. 13.º, n.º 2), quer do artigo 8.º do Decreto-Lei n.º 112/99, de 3 de Agosto. O entendimento de todos foi o de que, não só não existia qualquer incompatibilidade (argumentos histórico e sistemático no respeitante ao entendimento do que seja um "outro agente desportivo" referido no citado preceito dos Estatutos), como, a verificar-se o contrário, dado estar em causa um fundamento de perda de mandato, esta teria de ser declarada pelo Presidente da Assembleia Geral (arts. 17.º, alínea c), e 71.º, n.º 4, ambos dos Estatutos da FPF).

De resto, tal dúvida não se pôs nem ao Presidente da Assembleia Geral que, poucos dias antes da publicação da lista de peritos em análise, havia empossado, como vogal do CJ, precisamente o Dr. João Abreu; nem nenhum dos membros do CJ presentes no referido encontro fez qualquer comunicação àquele Presidente, conforme prescrito no artigo 71.º-2 dos Estatutos da FPF. É de salientar que, nos termos do n.º 3 do mesmo artigo, tal comunicação "constitui dever especial dos presidentes dos órgãos sociais da Federação Portuguesa de Futebol".

Quanto a (iii): críticas quanto à morosidade na decisão destes processos

Os recursos interpostos para o CJ das sanções aplicadas pela Comissão Disciplinar da Liga no âmbito do processo conhecido como "Apito Final" deram entrada na sede da FPF, em Lisboa, no dia 15 de Maio de 2008 e foram administrativamente autuados e distribuídos, conforme previsto no respectivo Regimento (art. 17.º-1), cabendo-lhes, como já referido, os n.ᵒˢ 33 a 46.

Na reunião do CJ realizada no dia seguinte, aquele órgão verificou que os requerimentos de interposição de recurso não vinham, em violação das disposições aplicáveis, acompanhados dos respectivos processos instrutores, pelo que foi deliberado oficiar de imediato à *Liga Portuguesa de Futebol Profissional* no sentido do suprimento urgente de tal falta. O CJ deliberou ainda marcar a sua próxima reunião para o dia 21 de Maio, "para tomada de conhecimento dos recursos e respectivos processos instrutores do vulgarmente denominado «Caso Apito Final»".

Tal reunião realizou-se na data prevista; e na mesma foi decidido, em vista de uma rápida decisão dos recursos, que, verificada de acordo com a distribuição então existente – precisamente aquela que resultara da aplicação pelo secretário do CJ do disposto no art. 17.º-1 do Regimento desse órgão – a existência de recursos diversos relativamente ao mesmo processo disciplinar, "todos os recursos com os números 33 a 46 deverão ser apensos, de forma a permitir uma apreciação única da matéria de facto e de direito relativa a cada um dos processos disciplinares a que cada um dos processos respeita". Isto foi feito, e com o assentimento de todos.

Atenta a complexidade das questões envolvidas e a sua similitude, o presidente do CJ tentou, a partir de 5 de Junho de 2008, marcar uma reunião "para discussão de assunto de interesse" para 14 de Junho seguinte e, para 23 do mesmo mês, uma reunião "para decisão dos processos de recurso que estejam em condições de decisão". Após trocas de mensagens electrónicas entre todos os membros do CJ, a primeira daquelas reuniões acabou por se realizar no dia 16 de Junho de 2008 e a segunda em 4 de Julho seguinte. Na primeira tornou-se clara a notória divisão dos membros do CJ presentes quanto a uma questão doutrinária fundamental para muitos dos processos em causa: a da admissibilidade, ou não, no âmbito disciplinar, da prova de factos obtida com recurso a meios de prova usados no âmbito da investigação de certo tipo de crimes, nomeadamente as escutas telefónicas, e a consequente admissibilidade, ou não, em processos disciplinares, de certidões extraídas de processos do foro criminal contendo a transcrição das escutas realizadas no quadro da investigação efectuada com referência a esses mesmos processos.

A segunda das mencionadas reuniões havia ficado marcada, na reunião do dia 16, para 24 de Junho de 2008, "atendendo à urgência de decisão" dos processos n.os 33 a 46. Sucedeu, todavia, que o vogal Dr. Salema dos Reis, que não esteve presente na reunião do dia 16, se encontrava impedido relativamente aos dias 24 e 25 de Junho. Deste modo, a data inicialmente prevista teve de ser adiada para 26 de Junho, primeiro para as 17.00 h, e depois, a pedido do vice-presidente do CJ, Dr. Costa Amorim, para as 19.00 h. Contudo, devido à dificuldade de alguns membros do CJ comparecerem no previsto dia 26, e à indisponibilidade do presidente do CJ para estar presente noutros dias da semana seguinte, com excepção de 3 ou 4 de Julho, a dita reunião acabou por ficar marcada para as 15.00 h do dia 4 de Julho de 2008.

b) *O Direito aplicável*

21. Do ponto de vista do Direito, não encontrei nos factos apurados nenhuma conduta grave ou especialmente censurável, quer da parte do presidente do CJ, quer da parte dos membros desse órgão, individualmente considerados.

Dada a grande dimensão dos processos (um total de dezenas de volumes e cerca de 70.000 páginas), um mês ou mês e meio para os relatores elaborarem os respectivos projectos de acórdão parece-me ser um prazo razoável.

Quanto aos adiamentos da reunião em que se tomariam decisões sobre os recursos mais difíceis, estão todos devidamente justificados e, no seu conjunto, não excederam 10 dias (de 24 de Junho a 4 de Julho), o que não pode de forma nenhuma considerar-se anómalo.

Tenha-se presente, enfim, que o sorteio para os jogos da "Liga Sagres" – 1.ª divisão da Liga – ficou definitivamente marcado para 7 de Julho: por isso, a reunião de 4 de Julho – embora muito em cima desse sorteio, pois 5 e 6 eram fim de semana – podia perfeitamente deixar tudo resolvido a tempo e horas, se a agenda fosse cumprida até ao fim. Houve, no entanto, um *atraso prejudicial*, no tocante à "Liga Vitalis" – divisão de honra da Liga –, cujo sorteio se realizou a 3 de Julho.

Quanto à realização de uma reunião preparatória, em 16 de Junho, a fim de trocar impressões sobre os aspectos mais difíceis a resolver (em especial, a questão da validade ou invalidade das escutas telefónicas), não só não é proibida por lei como constitui prática corrente no funcionamento de órgãos colegiais.

(2) *Os primeiros 75 minutos da reunião*

a) *Os factos relevantes*

22. São os seguintes os factos apurados:

A reunião do CJ do dia 4 de Julho de 2008 iniciou-se cerca das 16.00 h, devido ao atraso do presidente do mesmo órgão, e decorreu inicialmente nos termos previstos, isto é, de acordo com a ordem de trabalhos estabelecida para aquela reunião, designadamente no respeitante aos processos inscritos nas diferentes tabelas, durante mais ou menos uma hora. Assim, foi tomada uma deliberação respeitante a uma participação oportunamente feita à Comissão Disciplinar da Liga, foi decidido um processo de protesto inscrito na tabela respectiva e foram decididos, por unanimidade, três processos de recurso, um dos quais – o n.º 29-30/CJ-07/08, igualmente inscrito na correspondente tabela – foi relatado pelo vogal Dr. João Abreu (os outros dois, o n.º 19 e o n.º 25, foram objecto de uma deliberação unânime de aditamento à tabela, primeiro, e seguidamente votados, também por unanimidade).

b) *O Direito aplicável*

23. Verifica-se que os primeiros 75 minutos da reunião (aproximadamente, das 15h50 às 17h05) decorreram sem problemas nem incidentes, com a presença dos 7 membros que constituem o CJ, tendo

sido tomadas – sem qualquer polémica – decisões que não mereceram reparo e foram aprovadas por unanimidade. Tudo bem, portanto.

(3) *Impedimentos suscitados e decisão tomada*

a) *Os factos relevantes*

24. São os seguintes os factos apurados:
No dia 3 de Julho de 2008 deram entrada na FPF de Futebol três requerimentos dirigidos ao presidente do CJ e respeitantes ao impedimento e/ou suspeição do vogal do CJ Dr. João Abreu, com invocação expressa dos preceitos aplicáveis do Código do Procedimento Administrativo e também do Código de Processo Civil. Tais requerimentos foram apresentados pelo Boavista Futebol Clube SAD, na sua qualidade de recorrente, nos seguintes processos:

- Recurso n.º 36/CJ-07/08, de que era relator o vogal do CJ Dr. Santos Pereira (expedido via telecópia às 11.53 h do próprio dia, tem o seguinte carimbo de entrada na secretaria da Federação: 292/08-09/FPF, 03-07-2008 13:58:30);
- Recursos n.ᵒˢ 37-38/CJ-07/08, de que era relator o vogal do CJ Dr. Álvaro Batista (expedido via telecópia às 11.55 h do próprio dia, tem o seguinte carimbo de entrada na secretaria da Federação: 293/08-09/FPF, 03-07-2008 14:12:01);

– Recursos n.ᵒˢ 39-40/CJ-07/08, de que era relator o vice-presidente do CJ Dr. Costa Amorim (expedido via telecópia às 12.01 h do próprio dia, tem o seguinte carimbo de entrada na secretaria da Federação: 295/08-09/FPF, 03--07-2008 14:14:12).

Os três requerimentos foram imediatamente comunicados, por via de correio electrónico, a todos os membros do CJ. Igualmente por via de correio electrónico, o vogal Dr. João Abreu comunicou aos demais membros do CJ as razões por que discordava dos fundamentos invocados contra a sua imparcialidade pelo requerente.

No próprio dia 4 de Julho de 2008, às 0.07 h, deram entrada na Federação Portuguesa de Futebol, por via de correio electrónico, e endereçados aos membros do CJ, três requerimentos de impedimento e/ou suspeição, com invocação expressa dos preceitos aplicáveis do Código do Procedimento Administrativo, desta feita dirigidos contra o presidente daquele órgão, Dr. António Gonçalves Pereira. Estes requerimentos foram apresentados pelo Futebol Clube de Paços de Ferreira, na sua qualidade de interessado, com referência aos seguintes processos:

– Recurso n.º 36/CJ-07/08, de que era relator o vogal do CJ Dr. Santos Pereira (expedido via telecópia e com data de entrada na secretaria da Federação às 10.46 h);
– Recursos n.ᵒˢ 37-38/CJ-07/08, de que era relator o vogal do CJ Dr. Álvaro Batista (expedido

via telecópia às 9.13 h do próprio dia, tem o seguinte carimbo de entrada na secretaria da Federação: 357/08-09/FPF, 04-07-2008 10: 26:41);

– Recursos n.os 39-40/CJ-07/08, de que era relator o vice-presidente do CJ Dr. Costa Amorim (expedido via telecópia às 8.48 h e com data de entrada na secretaria da Federação às 10.13h).

Também estes três requerimentos foram remetidos, por via de correio electrónico, a todos os membros do CJ às 9.44 h do dia 4 de Julho de 2008. O presidente do CJ não se pronunciou sobre nenhum dos requerimentos em apreço.

Foram igualmente recebidos na Federação Portuguesa de Futebol, via telecópia, dois requerimentos de impedimento e/ou suspeição apresentados pelo Sr. Jorge Nuno Pinto da Costa, na sua qualidade de recorrente nos recursos n.os 41-42-43/CJ-07/08 e 44-45/CJ-07/08, dirigidos ao presidente do CJ e visando, no primeiro caso o relator do processo, Dr. João Abreu, e, no segundo caso, o mesmo vogal do CJ, nessa sua qualidade. Como fundamento eram invocados os preceitos aplicáveis do Código do Procedimento Administrativo e também do Código de Processo Civil. Sucedeu que estes dois requerimentos foram remetidos sob o mesmo capeamento – uma única folha de fax – expedido no dia 3 de Julho de 2008, às 20.59 h, razão por que foram inicialmente registados com o mesmo número de entrada no programa informático da secretaria da Federação e com a mesma hora: 10.06 h. Depois da sua recepção no secretariado do CJ, este verificou a autonomia dos requerimentos em causa por respeitarem a processos de recurso diferentes. Daí a remessa do requerimento respeitante aos recursos n.ᵒˢ 44-45 à secretaria para averbamento de entrada como documento autónomo (data de entrada considerada: 11.09 h do dia 4). De todo o modo, atenta a sua urgência, ambos os requerimentos foram remetidos, por via de correio electrónico, a todos os membros do CJ, às 11.12 h do dia 4 de Julho de 2008. Contudo, devido à proximidade da hora da reunião marcada para as 15.00 h, nem todos receberam tal comunicação, sendo confrontados com a mesma, pela primeira vez, já na própria reunião. Foi o caso, nomeadamente, dos vogais drs. João Abreu e Santos Pereira.

Ainda no mesmo dia 4 de Julho foi também recebido na secretaria da Federação Portuguesa de Futebol, via telecópia, um requerimento de impedimento e/ou suspeição apresentado pelo Futebol Clube do Porto SAD, invocando a sua qualidade de "interveniente" nos processos de recurso n.ᵒˢ 41-42--43/CJ-07/08, visando o respectivo relator, Dr. João Abreu (carimbo de entrada: 344/08-09/FPF, 04-07--2008 10:09:55). Como fundamento eram igualmente invocados os preceitos aplicáveis do Código do Procedimento Administrativo e do Código de Processo Civil. Contrariamente aos anteriores, este requerimento não foi remetido para nenhum dos membros do CJ, uma vez que só chegou ao conhecimento do secretariado daquele Conselho já depois das 12.00 h do dia 4 de Julho de 2008, encontrando-se a reunião do mesmo órgão marcada para as 15.00 h desse mesmo dia.

Resulta dos factos apurados quanto a este último incidente, por um lado, que os vogais do CJ e o seu vice-presidente só tomaram conhecimento da existência do mesmo na própria reunião de 4 de Julho de 2008; e, por outro lado, que, atento o teor do despacho proferido pelo presidente do CJ relativamente às alegadas situações de impedimento do Dr. João Abreu, o primeiro teve conhecimento do requerimento de impedimento e/ou suspeição apresentado pelo Futebol Clube do Porto SAD por uma via que não passou pelos serviços centrais da Federação Portuguesa de Futebol nem pelo secretariado do CJ (cfr. o Anexo I-b).

Segundo me foi confirmado por vários dos membros do CJ ouvidos, esta foi a primeira vez em que incidentes desta natureza foram suscitados relativamente a membros do CJ.

Logo após a votação do acórdão referente aos processos de recurso n.os 29-30 relatado como referido pelo vogal Dr. João Abreu cerca das 17.00h, o presidente do CJ Dr. António Gonçalves Pereira, invocando ter de se ausentar por alguns instantes, levantou-se, pediu ao secretário do mesmo órgão, Dr. João Leal, que o acompanhasse e saíram ambos da sala. A reunião ficou, por isso, suspensa.

Dirigiram-se ambos para uma outra sala e aí o Dr. António Gonçalves Pereira pediu que um documento contido numa disquete, que tinha trazido consigo do Porto, fosse impresso em duplicado e em papel timbrado do CJ. O documento em causa intitulava-se "Decisão dos Incidentes de Impedimento e Suspeição do Conselheiro Dr. João Carrajota Abreu suscitados por Boavista Futebol Clube SAD e por Jorge Nuno de Lima Pinto da Costa" (v. o Anexo I-b ao presente parecer). As duas vias daquele documento foram rubricadas e assinadas pelo presidente do CJ.

Seguidamente, o Dr. António Gonçalves Pereira pediu ao Dr. João Leal que chamasse o Dr. João Abreu, o que aquele fez, telefonando para a sala onde se encontravam os restantes membros do CJ. Entretanto, o presidente do CJ determinou ao secretário, Dr. João Leal, que notificasse o Dr. João Abreu visado na decisão constante do documento acabado de assinar, pedindo ao Dr. João Leal, para o efeito, que nele inscrevesse, à mão, o seguinte texto: "Nesta data notifiquei pessoalmente o Dr. João Abreu, Conselheiro do CJ da FPF. 04.07.2008, 17h15m".

Nesse momento chegou o Dr. João Abreu. Ao tomar conhecimento da intenção do presidente do CJ de lhe fazer uma notificação formal, disse-lhe que tal tipo de notificações, especialmente as relativas a assuntos a tratar na reunião do CJ que estava a decorrer e que tinha sido suspensa apenas pela ausência momentânea do presidente, deveria ser feito nessa mesma reunião, e não fora da sala em que a citada reunião estava a decorrer. O Dr. António Gonçalves Pereira concordou.

Dito isto, o vogal do CJ Dr. João Abreu regressou à sala onde se encontravam os restantes membros do CJ e retomou o seu lugar na mesa da reunião. Pouco depois, surgiram o presidente do CJ e o secretário e sentaram-se igualmente nos respectivos lugares.

Foi então que o presidente do CJ entregou ao vogal Dr. João Abreu a decisão que acabara de tomar no sentido de o considerar impedido nos processos de recurso n.ºs 36, 37-38 e 39-40, bem como nos processos n.ºs 41-42-43 e 44-45, todos referentes à época de 2007-2008. Pediu ainda ao mencionado vogal que este tomasse conhecimento de tal decisão por escrito, assinando-a. Após uma rápida leitura, o Dr. João Abreu inscreveu na mesma o seguinte texto: "Tomei conhecimento. Alego incompetência material, remetendo a questão para o Pleno do CJ da FPF. 4/7/2008" (v. o Anexo I-b).

b) *O Direito aplicável*

25. Aqui começaram os problemas.

Como se viu no número anterior, tinham sido suscitados – antes da reunião –, pelos recorrentes ou por outros interessados, vários incidentes de impedimento ou suspeição relativos a membros do CJ: um conjunto era formado por vários pedidos de declaração de impedimento do vogal Dr. João Abreu; e outro, por vários pedidos idênticos respeitantes ao presidente, Dr. António Gonçalves Pereira.

Embora a ordem cronológica de entrada dos requerimentos na secretaria colocasse, com referência aos mesmos processos de recurso – os seguintes inscritos na respectiva tabela: n.ᵒˢ 36, 37-38 e 39-40 –, primeiro o caso do Dr. João Abreu, a verdade é que, do ponto de vista jurídico – estando em causa averiguar se havia ou não garantias de isenção e imparcialidade do próprio presidente do CJ –, era por aqui que se devia ter começado.

Mesmo que não houvesse nenhum requerimento escrito do Futebol Clube de Paços de Ferreira a propor que fosse declarado o impedimento do presidente, Dr. António Gonçalves Pereira, em relação aos casos do Boavista F.C. (recursos n.ᵒˢ. 36, 37-38 e 39-40), era obviamente ao próprio presidente que competia, em primeiro lugar, declarar-se impedido se houvesse fundamento objectivo para tanto; se ele entendesse que não havia fundamento, deveria ter passado a decisão dos requerimentos apresentados para as mãos do plenário do CJ, retirando-se da sala para não participar em assunto que lhe dizia directamente respeito (CPA, art. 45.º, n.º 4).

Era ou devia ser do seu interesse – ou, pelo menos, era seu dever – fazê-lo o mais depressa possível: quando alguém levanta dúvidas sobre uma situação que pode ser causa de impedimento, em relação a uma decisão do presidente de um órgão colegial, a primeira preocupação do presidente deve ser esclarecer, de forma completa e imediata, a sua situação, porque não deve continuar a presidir se há dúvidas – por mais infundadas que eventualmente se venham a revelar – que levem a que "possa razoavelmente suspeitar-se da sua isenção e da rectidão da sua conduta" (palavras textuais do CPA, art. 48.º, n.º 1, introdução).

Mas o presidente, Dr. António Gonçalves Pereira, não só não se declarou impedido como não pôs nunca, enquanto esteve presente, os requerimentos do Paços de Ferreira à consideração do CJ.

Esta atitude – para além de constituir *uma séria violação dos mais elementares princípios democráticos* – é qualificada expressamente pela lei como *"falta grave para efeitos disciplinares"* (CPA, art. 51.º, n.º 2).

26. Quanto aos requerimentos que pediam a declaração de impedimento do vogal Dr. João Abreu, o presidente do CJ entendeu – no período de suspensão dos trabalhos que ocorreu pelas 17.00h – que devia decidi-los sozinho, na qualidade de presidente de um órgão colegial, por considerar aplicável ao caso o artigo 45.º do CPA, que dispõe nesse sentido. E, assim, decidiu sozinho declarar o Dr. João Abreu impedido de participar na discussão e votação dos recursos n.ᵒˢ 36, 37-38, 39-40, 41-42-43 e 44-45, referentes ao caso "Apito Final".

Acontece, porém, que o presidente cometeu aqui um *manifesto erro de direito*. Na verdade, aquilo que o CPA regula, nos seus artigos 44.º a 51.º, são as garantias de imparcialidade dos titulares de órgãos administrativos (ou equiparados) *no contexto da apreciação de casos concretos, e por razões específicas que os impeçam*, segundo a lei, *de intervir num dado processo ou decisão em que possam ser suspeitos de agir por interesse pessoal.*

Era isto mesmo que se passava com o pedido de declaração de impedimento do presidente, Dr. António Gonçalves Pereira, em relação aos casos do Boavista (recursos n.ºs 36, 37-38 e 39-40). Aí, sim, a lei aplicável era o CPA.

Tudo era diferente, porém, no caso do Dr. João Abreu: em relação a este, nenhum dos requerimentos apresentados, que pediam (erradamente) o seu *impedimento nos processos relativos ao "Apito Final"*, apresentava qualquer argumento que relacionasse especificamente o Dr. João Abreu com os citados processos. Pelo contrário: o que todos diziam era que o Dr. João Abreu não devia poder participar na decisão dos recursos relativos ao "Apito Final" porque se encontrava numa situação genérica de incompatibilidade, já que acumulava dois cargos dentro da Federação – os cargos de vogal do CJ e de perito inscrito na lista a que se reporta o artigo 14.º do "Regulamento do Estatuto, da Inscrição e Transferências de Jogadores" –, que os Estatutos da FPF pareciam proibir que fossem acumulados (Estatutos, art. 13.º, n.º 2).

Salta logo à vista a incongruência desta maneira de colocar o problema: ou bem que havia em relação ao Dr. João Abreu razões específicas que o impedissem de participar na apreciação e decisão de *um ou vários casos concretos*, pela ligação directa dele a esses casos – e então era necessário demonstrar aquelas razões e esta ligação, o que não foi feito; ou bem que o Dr. João Abreu *acumulava na FPF dois cargos incompatíveis* segundo os Estatutos – e então era necessário suscitar e promover a sua perda de mandato (Estatutos, art.os. 17.º, al.c) e 71.º, n.os 2 e 3), o que também não foi feito.

Quer os recorrentes e outros interessados, nos seus requerimentos, quer o presidente do CJ, ao dar-lhes razão, cometeram, pois, um *manifesto erro de direito*: alegar fundamentos que apontavam para uma *incompatibilidade* genérica de dois cargos e, com base nesses argumentos, requerer e declarar um *impedimento* relativo à decisão de determinados casos específicos.

27. Quais as consequências jurídicas deste *erro de direito*?

Distinguirei três planos:

(a) No plano do desvalor jurídico da decisão do presidente do CJ de declarar o impedimento do Dr. João Abreu, em relação aos processos relacionados com o "Apito Final", tal decisão foi ilegal, encontrando-se ferida do vício de *usurpação de poder*, pelo que a forma de invalidade que a inquina é a da *nulidade, por invasão de atribuições alheias* (CPA, art. 133.º, n.º 1, al. b)), uma vez que só o presidente da Assembleia Geral tem poderes para verificar a incompatibilidade e, se ela existir, para declarar a subsequente perda do mandato, com recurso para o plenário da mesma Assembleia (cfr. os arts. 23, n.º 5, e 71, n.º 4, ambos dos Estatutos da FPF).

Não ignoro que, em regra, a prática, por um órgão administrativo (ou equiparado), de um acto da competência de outro órgão da mesma pessoa colectiva gera simples *anulabilidade*; mas, havendo uma *rígida separação de poderes no âmbito da FPF* (que todos os seus dirigentes reconhecem) – segundo a qual a Assembleia Geral equivale ao "poder deliberativo" (ou parlamentar), a Direcção ao "poder executivo", e o CJ ao "poder judicial", a invasão das atribuições da Assembleia Geral, ou do seu presidente (que é um órgão interno daquela) por um acto da autoria do presidente do CJ configura, a meu ver, um caso de *falta de atribuições*, e não de mera *falta de competência*, pelo que tal acto deve ser considerado nulo. Não se esqueça, aliás, que a declaração de perda de mandato faz cessar a titularidade de um cargo para que se foi eleito pela Assembleia Geral: é natural que seja esta, ou o seu presidente, a pronunciar tal declaração;

(b) No plano do procedimento a seguir pelo presidente do CJ, entendo que lhe cabia, em primeiro lugar, qualificar correctamente o caso do vogal Dr. João Abreu como um problema de incompatibilidade genérica, e não como um problema de impedimento ou suspeição específicos; depois, *o presidente do CJ devia ter-se abstido de decidir e ter encaminhado de imediato o assunto para o presidente da Assembleia Geral da FPF*, nos termos e para os efeitos previstos no artigo 71.º, n.ᵒˢ 2 a 4, dos Estatutos da FPF, já que a Assembleia é o único órgão social da FPF com competência estatutária para apreciar e decidir, em termos definitivos, sobre casos de incompatibilidade entre dois ou mais cargos;

(c) No plano da conduta do vogal Dr. João Abreu, entendo que ele andou bem ao alegar a incompetência do presidente do CJ para decidir o caso, ao recorrer para o pleno do CJ (ver atrás, o final do n.º 23), e mesmo ao recusar-se a acatar a decisão do presidente que o declarou impedido, porquanto entre as características essenciais do regime jurídico dos actos nulos estão as seguintes: "o acto nulo não produz quaisquer efeitos jurídicos, independentemente da declaração de nulidade" (CPA, art. 134.º, n.º 1); a nulidade é "invocável por qualquer interessado" (idem, n.º 2); e o acto nulo não é obrigatório para os seus destinatários, sendo legítima a desobediência (segundo a doutrina e a jurisprudência, unânimes neste ponto). Por tudo o que disse, sou da opinião que o Dr. João Abreu tinha o direito de ficar na sala e de continuar a participar na reunião, bem como o direito de votar.

(4) *Quarenta minutos de alguma tensão e encerramento antecipado da reunião*

a) *Os factos relevantes*

28. São os seguintes os factos apurados:

Após a notificação da decisão de impedimento do vogal Dr. João Abreu descrita no final do n.º 23, e ocorrida um pouco depois da hora mencionada na notificação subscrita pelo Dr. João Leal (cerca das 17.17 h), existem duas versões sobre o que se passou e quanto ao ambiente geral vivido na sala: a do presidente do CJ, Dr. António Gonçalves Pereira (i); e a de todos os demais membros do mesmo órgão (ii). A acta da reunião é, quanto ao lapso de tempo que decorre desde o momento daquela notificação até à decisão do presidente do CJ de declarar encerrada a reunião, muito parca em pormenores: limita-se a referir que o Dr. António Gonçalves Pereira "explicou os motivos da sua decisão", transcreve o requerimento formulado verbalmente pelo vogal Dr. Álvaro Batista e o despacho de encerramento proferido pelo Dr. António Gonçalves Pereira.

Quanto à versão (i): versão do presidente do CJ

Segundo o Dr. António Gonçalves Pereira, o vogal Dr. João Abreu reagiu mal à notificação e dirigiu-se-lhe nos seguintes termos: "vai para o raio que te parta!". A decisão, segundo o mesmo vogal seria inválida e, por isso, apelando para o pleno do CJ, recusou-se a abandonar os trabalhos. O Dr. António Gonçalves Pereira justificou a sua competência para decidir sozinho, e não em plenário do CJ, com base no Código do Procedimento Administrativo (em especial, arts. 45.º e 50.º).

Entretanto, num ambiente de alguma tensão e em que existiam conversas cruzadas, o vogal Dr. Álvaro Batista disse: "presidente: ou revogas a decisão ou levas com um processo disciplinar com suspensão imediata!".

Foi a partir deste momento que o Dr. António Gonçalves Pereira decidiu só dar a palavra a todos os demais membros do CJ que pretendessem intervir, na condição de o fazerem ditando directamente para a acta. Nesse momento, o Dr. Álvaro Batista pede a palavra, que lhe é dada pelo Dr. António Gonçalves Pereira, e dita para a acta os requerimentos referentes à instauração de um processo disciplinar ao presidente do CJ e à sua imediata suspensão de funções.

Logo de seguida, considerando não existirem nem a calma nem a serenidade suficientes para prosseguir a reunião, devido ao tumulto que se havia instalado, e sentindo-se coagido em virtude da ameaça anteriormente feita pelo vogal Dr. Álvaro Batista, o Dr. António Gonçalves Pereira ditou o despacho transcrito na acta, o qual culmina com a declaração de encerramento imediato da reunião pelas 17.55 h (v. o Anexo I).

Posto isto, o presidente do CJ abandonou a sala em que estava a decorrer a reunião, pedindo ao secretário Dr. João Leal que o acompanhasse, a fim de elaborar imediatamente a acta, uma vez que não queria sair do edifício–sede da FPF sem que a acta fosse lavrada pelo secretário e assinada por ambos. O Dr. João Leal saiu com o presidente.

Quanto à versão (ii): versão dos restantes membros do CJ

Nenhum dos demais membros do CJ confirmou a existência de qualquer "tumulto" ou a existência de ameaças. Segundo os mesmos, houve tensão, nervosismo e momentos difíceis, mas durante o período de tempo considerado todos os presentes sempre permaneceram sentados nos respectivos lugares, trocando razões entre si, sem gritos nem insultos. Ninguém saiu da sala nem existiu qualquer interrupção dos trabalhos.

O vogal Dr. João Abreu utilizou a expressão acima transcrita depois de receber como resposta do presidente do CJ que este já o tinha ouvido na véspera sobre os requerimentos apresentados pelo Boavista F.C., alegando, o presidente, que os outros dois requerimentos eram idênticos ao primeiro, pelo que já sabia perfeitamente qual posição do Dr. João Abreu sobre a matéria. Este, porém, sentiu-se agravado devido à circunstância de apenas se ter pronunciado sobre os requerimentos do Boavista, mas não ter sido ouvido sobre os outros, entretanto apresentados pelo Sr. Jorge Nuno Pinto da Costa e pelo Futebol Clube do Porto SAD. Aliás, nem sequer tinha conhecimento da apresentação do último.

O que mais irritou o Dr. João Abreu e o levou a proferir a frase irada acima referida foi o facto de o presidente lhe ocultar os requerimentos apresentados pelo Sr. Jorge Nuno Pinto da Costa e pelo Futebol Clube do Porto, não lhe dando a ele, o visado, o direito de averiguar por si próprio se eram, ou não, idênticos aos primeiros – aqueles que foram apresentados pelo Boavista F.C. –, nem o direito de, querendo, acrescentar novos argumentos em sua defesa.

Neste momento o Dr. João Abreu fez menção de se pôr em pé, mas a pedido do Dr. Álvaro Batista não o fez; no mesmo sentido interveio o Dr. Mendes da Silva. Entretanto, o presidente do CJ respondeu à letra à citada frase e, dirigindo-se ao Dr. João Abreu, disse-lhe: "vai tu para o raio que te parta!". Em todo o caso, mesmo neste momento, não foi posta em causa a continuidade dos trabalhos.

Foi notória a preocupação do vice-presidente e dos vogais de encontrar uma solução razoável para a situação de impasse que se estava a viver. Foi-me confirmado, nesse quadro, o pedido formulado pelo Dr. Álvaro Batista ao Dr. António Gonçalves Pereira no sentido de revogar o despacho que declarava o impedimento do Dr. João Abreu. Houve ainda outras intervenções no mesmo sentido, designadamente dos drs. Mendes da Silva, João Abreu e Santos Pereira. A todos o Dr. António Gonçalves Pereira respondeu, com intransigência, reafirmando a sua posição quanto ao tema e recusando qualquer hipótese de revogação do seu despacho.

Foi somente quando se apercebeu de que a atitude do presidente era definitiva e já não mudaria que o Dr. Álvaro Batista pediu a palavra e, de improviso, ditou para a acta as já mencionadas propostas de instauração de um processo disciplinar contra o presidente do CJ e de imediata suspensão das suas funções. As referências ao processo e à suspensão apenas surgiram naquelas propostas, enquanto estavam a ser ditadas para a acta. Não houve em nenhum momento anterior qualquer ameaça, anúncio ou referência à ideia de um processo disciplinar ao presidente do CJ ou à da sua imediata suspensão de funções.

Os demais membros do CJ confirmam a resposta ditada para a acta pelo presidente do CJ e a sua saída, acompanhado pelo Dr. João Leal. Mas acrescentam que, com o presidente já em pé, vários deles apelaram ao Dr. António Gonçalves Pereira para que não se fosse embora, uma vez que aquela reunião tinha de continuar.

O presidente nada respondeu, e saiu.

b) *O Direito aplicável*

29. À luz do Direito aplicável, cumpre tomar posição sobre as três questões seguintes:

— Durante estes quarenta minutos críticos, a reunião do CJ foi ou não o que a lei considera uma "reunião tumultuosa"?

– Como apreciar, no plano jurídico, a proposta do vogal Dr. Álvaro Batista no sentido da instauração de um processo disciplinar contra o presidente do CJ e da sua imediata suspensão preventiva: era legalmente admissível ou não?
– Foi legal ou ilegal a decisão do presidente de, pelas 17h55, declarar encerrada a reunião do CJ? Qual o valor jurídico do acto, quer na primeira hipótese, quer na segunda?

30. Comecemos pela primeira questão: houve, naquela tarde, durante cerca de quarenta minutos, uma "reunião tumultuosa" do CJ?

Esclareça-se, desde já, que, se tiver havido, as principais consequências jurídicas de tal situação serão duas: a nulidade (e, portanto, também a ineficácia) de quaisquer deliberações tomadas nesse período, bem como a validade (em princípio) da decisão do presidente de encerrar antecipadamente a reunião.

Pelo contrário, se a reunião, naquele período de tempo, não tiver sido tumultuosa, os actos praticados durante essa fase poderão ser válidos (pelo menos, não serão nulos em virtude de terem sido praticados numa reunião tumultuosa), mas a decisão do presidente do CJ de encerrar a reunião, sem ter continuado a tratar da ordem de trabalhos agendada para aquele dia – e adiando, sem marcar prazo, a resolução de casos muito urgentes –, não poderá ser justificada com base na ocorrência de tumulto. Veremos daqui a pouco se terá outra justificação aceitável.

O que é uma "reunião tumultuosa"? Ou, o que vem a dar no mesmo, o que são deliberações de órgãos colegiais "tomadas tumultuosamente"?

O CPA refere esta última expressão na alínea g) do n.º 2 do artigo 133.º, mas não a define.

Comecemos pela etimologia e pelos dicionários.

As palavras "tumultuoso" e "tumultuosamente" vêm de "tumulto", e as três têm origem no latim clássico: *tumultus* significava "agitação, desordem, perturbação, pânico" ou, no plano militar, "rebelião, revolta, insurreição, sublevação"; e existia o advérbio *tumultuose*, que significava "em tumulto, tumultuosamente, em desordem"; por seu turno, a expressão frequentemente usada *"tumultuosa quaedam nuntiata sunt"* queria dizer "foram anunciadas certas coisas muito alarmantes"; e a expressão *"in castris tumultuari nuntiatur"* traduz-se por "anuncia-se que há agitação (ou revolta) nos acampamentos (ou quartéis)" (cfr. *Dicionário de Latim-Português*, Porto Editora, 2.ª ed., Porto, 2001, p. 682).

A ideia de tumulto está, pois, ligada a situações de perturbação anormal da ordem, quer no espaço público, quer em reuniões realizadas dentro de edifícios.

O *Dicionário da Língua Portuguesa* (Porto Editora, 7.ª ed., Porto, sem data [mas, provavelmente, 1994], p. 1808) apenas acrescenta aos outros significados o de "motim", ou "amotinadamente".

Quanto ao *Dicionário de Sinónimos* (*idem*, sem data, p. 1079) ainda acrescenta mais: algazarra, balbúrdia, confusão, distúrbio, turbulência.

Confirma-se, assim, a ideia de tumulto como uma grande desordem, com gritaria, ou com cenas de violência física entre os membros do órgão colegial, ou contra eles, e causando uma confusão geral.

Porque é que a nossa lei (dantes, o Código Administrativo de 1936-40, hoje o CPA) determina que "são nulas as deliberações dos órgãos colegiais que forem tomadas tumultuosamente" (CPA, art. 133.º, n.º 2, al. g))? Obviamente, para evitar que a desordem, a violência ou a ameaça dela, e a confusão geral impeçam, ou afectem de modo grave, as condições indispensáveis ao funcionamento regular de qualquer órgão colegial: por um lado, a garantia do decurso normal da reunião, para que todos percebam o que está em debate e não cheguem desorientados ou desinformados ao momento da decisão; e, por outro, a garantia da liberdade de expressão e de voto de todos e cada um dos membros.

Em poucas palavras, a razão de ser deste preceito legal (*"ratio legis"*) é dupla: assegurar a liberdade e integridade física dos membros presentes; e garantir a cada um as condições necessárias para reflectir, falar e votar de modo livre e esclarecido.

Ora bem: sendo isto assim, aqueles 40 minutos críticos podem ou não ser qualificados, na perspectiva do Direito, como reunião tumultuosa?

O presidente do CJ, no encontro que teve comigo, sustentou que sim. Porém, nenhum dos outros membros do CJ manifestou opinião idêntica, havendo até alguns que a refutaram expressamente. E da acta desta parte da reunião – redigida sob a direcção imediata do Dr. António Gonçalves Pereira – não consta o substantivo *tumulto*, nem o adjectivo *tumultuoso*.

À pergunta, que a todos fiz, sobre como decorreu esse período, 6 membros do CJ (todos menos o presidente) responderam:

- Normalmente, embora num ambiente tenso;
- Pacificamente, mas com nervosismo;
- Todos ficámos sentados;
- Não houve nenhuma cena de violência, nem qualquer ameaça de violência;
- Não houve agressividade verbal, excepto num único momento, a meio desse período, em que um dos vogais terá utilizado contra o presidente uma expressão indevida e o presidente terá retorquido utilizando contra ele a mesma expressão. Trata-se, porém, de calão vulgar e frequente em certos meios, pelo que não assumiu, naquele contexto, gravidade especial.

Um outro ponto de discórdia opôs, nas audições a que procedi, o presidente do CJ, Dr. António Gonçalves Pereira, e o vogal Dr. Álvaro Batista. De acordo com a versão do primeiro, o segundo tê-lo-á ameaçado com a expressão: "ou revogas a decisão [relativa ao Dr. João Abreu], ou levas com um processo disciplinar com suspensão imediata"; conforme a versão do Dr. Álvaro Batista, ele nunca ameaçou o presidente, fosse de que forma fosse, apenas o sondou, em termos calmos e correctos, sobre se encarava revogar o despacho para poder ser todo o CJ a ponderar o assunto com serenidade e tempo para pensar (o que o presidente terá recusado, mais de uma vez).

Dos restantes 5 membros presentes, os mais distantes do topo da mesa dizem que não ouviram nada; os mais próximos confirmam que houve proposta de revogação, mas não qualquer ameaça.

Tenho, pois, de concluir que, neste ponto, estamos perante o clássico dilema da "palavra de um contra a palavra do outro".

O certo é que, mesmo que o Dr. Álvaro Batista tenha proferido a frase que o Dr. António Gonçalves Pererira refere, a mesma não pode ser qualificada como ameaça em virtude de corresponder ao mero exercício de um direito (no caso, o direito de apresentar propostas da competência do CJ); e, de resto, não foi nessa altura, nem por esse motivo, que o presidente do CJ declarou encerrada a reunião.

Muito pelo contrário: a reacção do presidente foi a de, com toda a lucidez, estabelecer as novas regras do jogo, a fim de melhor poder conduzir a reunião, exigindo que a partir dali "quem quisesse falar teria de ditar para a acta".

Todos concordaram.

Mas, curiosamente, só um vogal do CJ aproveitou a deixa – o Dr. Álvaro Batista, que ditou para a acta a proposta de instauração de processo disciplinar ao presidente, com suspensão preventiva imediata do exercício de funções.

Esta proposta teve grande efeito; mas, uma vez mais, todos ficaram sentados e em silêncio. Nenhum distúrbio, pois: nem algazarra, nem toda a gente a falar ao mesmo tempo, nem pessoas a levantarem-se ou cenas de pugilato. Foi um momento de espanto, mas vivido em silêncio.

Ora, é precisamente neste momento, de serenidade contida, que o Dr. António Gonçalves Pereira, presidente do CJ, mantendo a calma e a compostura, dita para a acta uma decisão relativamente longa, pois ocupa 26 linhas dactilografadas em papel de formato A4. Enquanto vai ditando, todos o ouvem em silêncio: não há uma interrupção, não há um protesto, não há qualquer invectiva.

E é no seguimento de vários considerandos que o presidente conclui e determina o encerramento da reunião.

É isto uma reunião tumultuosa? Manifestamente, não é.

31. Recuemos um pouco no tempo.

Imediatamente antes de o presidente do CJ ditar o texto da sua decisão de encerrar antecipadamente a reunião, tinha usado da palavra o vogal Dr. Álvaro Batista, que fundamentou e propôs a instauração de um processo disciplinar ao presidente, bem como a sua suspensão imediata.

Como reagiu o presidente? Encerrando a reunião.

Como devia ter reagido? Verificando e declarando se a proposta acabada de apresentar era ou não admissível, e se podia, ou não, ser posta imediatamente à votação.

Não o fez. Importa fazê-lo agora aqui.

Em meu entender, aquela proposta só era admissível se o CJ fosse, de acordo com os Estatutos da FPF, o órgão competente para a apreciar e decidir. E era: nos termos da alínea f) do n.º 1 do artigo 47.º dos Estatutos da FPF, "compete ao CJ (...) exercer o poder disciplinar sobre os titulares dos órgãos sociais da FPF (...)." Ver, no mesmo sentido, o artigo 11.º, n.º 7, alínea b), do Regimento do CJ.

Ora, instaurar um processo disciplinar e suspender preventivamente o arguido são faculdades jurídicas que integram o conteúdo do poder disciplinar; o CJ é um dos órgãos sociais da FPF; e o seu presidente é um dos "titulares do órgão", é membro.

Logo, a proposta do vogal Dr. Álvaro Batista era admissível. O presidente devia tê-la admitido.

E devia tê-la posto logo à discussão e votação? Podia fazê-lo, se quisesse (e a meu ver devia tê-lo feito), porque quando se é alvo de acusações graves, como as que o Dr. Álvaro Batista formulou contra o presidente do CJ, Dr. António Gonçalves Pereira, a primeira coisa que se deve fazer – em defesa da honra –, é promover o esclarecimento imediato e total das questões, das dúvidas e das acusações.

O assunto não estava inscrito na ordem de trabalhos do dia 4, é certo. Mas o presidente devia ser o principal interessado em accionar o mecanismo previsto no artigo 19.º do CPA: inclusão na ordem do dia de assuntos nela não previstos, desde que dois terços dos membros reconheçam a urgência de uma deliberação imediata sobre o novo assunto.

Se o presidente do CJ o tem feito, ninguém deixaria de aprovar: seria, com toda a probabilidade, uma deliberação unânime, porque interessava a todos.

Mas o presidente não o fez. A sua reacção foi diametralmente oposta: encerrar de imediato a reunião, sem deixar apreciar a proposta do Dr. Álvaro Batista (se incluída ali na ordem de trabalhos). O presidente do CJ impediu, assim, que os recursos relativos ao caso do "Apito Final" ficassem decididos naquele dia, apesar de muito urgentes.

Esta decisão do presidente foi legal ou ilegal?

32. Do longo "despacho" que ditou para a acta – e interessa aqui sublinhar que o Dr. António Gonçalves Pereira considerou as acusações e a proposta do Dr. Álvaro Batista como "um acto de vingança" (não disse, porém, em relação a quê) – podemos extrair, como expressão dos fundamentos da decisão de encerrar, as passagens seguintes:

– "O que se está aqui a passar é totalmente [contrário aos] mais elementares princípios da administração da justiça";
– É contrário, também, aos "princípios de natureza ética";

– "Face ao exposto, não existem condições para deliberarmos objectiva e imparcialmente".

Sintetizando (e deixando de lado a ética, ou moral, que não constitui em princípio fonte de Direito), o presidente do CJ alegou, em primeiro lugar, a violação por uma parte do CJ dos princípios da administração da justiça e, em segundo lugar, a falta de condições para o CJ poder deliberar com objectividade e imparcialidade.

O presidente invocou expressamente o artigo 9.º, alínea b), do Regimento do CJ, embora este preceito só lhe confira, de forma explícita, um poder que não interessa aqui – o poder de "dirigir e orientar os trabalhos das reuniões".

Mas o poder de "encerrar antecipadamente as reuniões" existe e é conferido a todos os presidentes de órgãos colegiais que exerçam funções públicas (é o caso do CJ): assim o determina o n.º 3 do artigo 14.º do CPA.

Vejamos o que nele se estabelece:

"O presidente pode (...) encerrar antecipadamente as reuniões, quando circunstâncias excepcionais o justifiquem, mediante decisão fundamentada, a incluir na acta da reunião".

O poder de encerramento antecipado existe, pois, mas só quando circunstâncias excepcionais o justifiquem. A lei manifesta aqui um claro propósito restritivo:

– Tem de haver circunstâncias excepcionais;

– Essas circunstâncias devem ser tais que imponham, como a melhor ou como a única solução, o encerramento antecipado;
– E a decisão de encerrar tem de ser devidamente fundamentada.

Quer isto dizer que o poder de encerramento não é um poder inteiramente livre, ou discricionário, mas um poder em grande parte condicionado, ou vinculado: só pode ser exercido legalmente dentro das três condições estipuladas na lei. Se algum presidente exercer esse poder fora das três referidas condições, a sua decisão de encerrar será ilegal e, portanto, inválida.

Sou de opinião que as duas primeiras condições não se verificavam pelas 17h55 do dia 4 de Julho de 2008, na sala de reuniões do CJ da FPF.

Em primeiro lugar, *não havia nenhumas circunstâncias excepcionais*: esta expressão, em Direito, significa o mesmo que situações raras, graves, perigosas, e fora do que é normal e frequente acontecer. Toda a gente conhece perfeitamente a diferença entre o que é a regra e o que é a excepção.

São, sem dúvida, circunstâncias excepcionais, para o Direito, um terramoto, uma grande inundação, um fogo no edifício, um alarme de bomba prestes a explodir, a morte ou doença súbita de algum membro do órgão colegial, etc., etc. Todas estas situações são, realmente *excepcionais ou extraordinárias* – e compreende-se que justifiquem uma decisão de encerramento antecipado de qualquer reunião.

Mas não tem nada de excepcional, ou extraordinário, que um vogal de um órgão colegial apresente uma proposta contra o presidente desse órgão: é mesmo o que há de mais normal, em Democracia, ainda que pouco frequente.

Já vimos que não houve tumulto e nenhuma das restantes circunstâncias excepcionais referidas – ou outras semelhantes – ocorreu nesse dia em Lisboa ou na sede da FPF.

A única "coisa excepcional" e mesmo "extraordinária" que ali aconteceu, em minha opinião, nesse dia e àquela hora, foi isto: perante uma proposta que atingia de frente o presidente do CJ na sua legitimidade para continuar a exercer o cargo, este não quis deixar discuti-la, nem suspender os trabalhos por algum tempo, nem adiar a reunião para breve. O que fez foi, pura e simplesmente, encerrar a reunião, sem marcar qualquer data para a reunião seguinte (que até hoje, passados 20 dias, não teve lugar ...).

Estavam a ser violados os mais elementares princípios da administração da Justiça? Mas como, se o CJ, naqueles 40 minutos, não esteve a funcionar na sua qualidade de órgão de tipo jurisdicional, mas disciplinar?

Não havia "condições para deliberar objectiva e imparcialmente"? Mas porquê? Não havendo tumulto, ou algo que se parecesse, nem havendo circunstâncias excepcionais, que condições é que faltavam para se poder continuar a reunião?

Dir-se-á que estavam todos muito tensos, muito nervosos ou até muito abalados. Bem. Mas, se o problema era esse – e de acordo com o *princípio da proporcionalidade*, que manda começar em situações difíceis pelas medidas menos gravosas, só utilizando as mais gravosas como último remédio –, o que o presidente devia ter feito era *suspender* a reunião por uma ou duas horas, de modo a tentar encontrar uma solução (consensual ou maioritária) que permitisse retomar a reunião.

Tanto mais que – e em segundo lugar – a posição unânime dos 7 membros do CJ *era a de considerar indispensável e urgente decidir os recursos referentes ao caso do "Apito Final" naquela 6.ª feira, dia 4,* pois na 2.ª feira seguinte, dia 7, realizava-se o sorteio da "Liga Sagres" para a época de 2008-2009.

Por conseguinte, não só não havia, na minha maneira de ver, fundamentos objectivos para a decisão de encerrar, como é fácil de perceber que tanto o princípio da proporcionalidade como a grande urgência da decisão daqueles recursos impunham ao presidente do CJ que não tomasse uma medida tão drástica, antes procurasse encontrar uma solução *naquela reunião e naquela tarde ou naquela noite*, ou então – com prejuízo do fim de semana – durante o Sábado ou o Domingo seguintes (dias 5 e 6).

A minha opinião sobre a legalidade ou ilegalidade da decisão do presidente do CJ de encerrar antecipadamente a reunião é, pois, a de que tal decisão violou frontalmente a lei (CPA), o princípio constitucional do Estado de Direito, o princípio da democraticidade das federações desportivas (Dec.--Lei n.º 144/93, de 26 de Abril, art. 4.º, n.º 1) e, ainda, o princípio geral da proporcionalidade e o dever de decisão imediata em caso de urgência no desempenho da função administrativa ou jurisdicional.

33. Há que indagar agora: qual o valor jurídico negativo (ou desvalor) que a lei estabelece para actos ou decisões deste género?

Nos termos dos artigos 133.º e 135.º do CPA, os actos administrativos que sejam inválidos, por conterem uma ou mais ilegalidades, são nulos ou são anuláveis.

A orientação geral do Direito Administrativo português (bem como da generalidade dos outros países europeus), é a de que os actos administrativos inválidos, em regra, são meramente anuláveis; só a título excepcional, e nos tipos de casos em que a lei o determinar, serão nulos.

Em minha opinião, a decisão tomada, às 17h55 do dia 4 de Julho de 2008, pelo presidente do CJ, no sentido de encerrar de imediato a reunião do referido órgão, foi uma decisão nula ou, como se dizia há alguns anos atrás, "nula e de nenhum efeito".

Não por causa das ilegalidades acima detectadas – já que, bem ou mal, nenhuma delas se pode considerar, em face da lei em vigor, como fonte de nulidade.

Não por causa de qualquer das alíneas do n.º 2 do artigo 133.º do CPA – se bem que a conduta do presidente do CJ naquele momento possa talvez configurar um ilícito penal de *abuso de poder* (art. 382.º do Código Penal). Não sou especialista em Direito Penal, pelo que sugiro à Direcção da FPF que solicite para o assunto a atenção da Procuradoria-Geral da República.

O meu principal argumento é outro.

Na verdade, o n.º 1 do artigo 133.º do CPA começa por estabelecer:

> "São nulos os actos a que falte qualquer dos elementos essenciais".

Como tenho sustentado no meu ensino, os elementos essenciais do acto administrativo são: os sujeitos (autor e destinatários), o objecto e o conteúdo (substância da decisão), a forma, e o fim legal (interesse público a prosseguir).

Durante muito tempo, a lei, a doutrina e a jurisprudência – seguindo fielmente as linhas gerais do modelo francês – entenderam que um acto administrativo não determinado pelo objectivo da prossecução do interesse público estava viciado por desvio de poder, mas era meramente anulável. Eu próprio ainda o afirmei, em 2003 (na 1.ª edição do volume II do meu *Curso de Direito Administrativo*, com a colaboração de Lino Torgal, Coimbra, "Almedina", p. 421), embora criticando essa solução, que resultava do direito positivo, pois me parecia evidente que, na parte relativa ao chamado "desvio de poder por motivo de interesse privado" (p. 395), estabelecer como sanção a mera anulabilidade dos actos enfraquecia o combate à corrupção na Administração pública (nota 771, p. 421).

Talvez em consequência deste meu alerta, o Supremo Tribunal Administrativo, logo no ano seguinte, num acórdão notável, pela sua modernidade científica e abertura de espírito, admitiu que a sanção mais grave, a *nulidade*, é a solução adequada para os casos em que o fim efectivamente prosseguido pelo autor do acto não seja um interesse público, mas um ou mais interesses privados. (V. o acórdão do Supremo Tribunal Administrativo de 17-2-2004, proferido no processo n.º 01572/02, que foi citado em primeira mão por Marcelo Rebelo de Sousa e André Salgado de Matos, *Direito Administrativo Geral*, tomo III, ed. "Dom Quixote", Lisboa, 2006, p. 161. Com base em perspectivas dogmáticas diferentes da minha, mas convergentes no resultado prático na apreciação deste caso concreto, ver a maior abertura revelada por J.C. Vieira de Andrade, nos *Cadernos de Justiça Administrativa*, n.º 43, 2004, p. 47; e a "teoria da essencialidade funcional" preconizada por Pedro Machete, nos *Cadernos de Justiça Administrativa*, n.º 66, 2007, pp. 32-33).

Felizmente que as minhas críticas foram ouvidas: podemos hoje basear-nos no acórdão de 2004 – que fará jurisprudência, estou certo disso – para sustentar a *nulidade,* e não a mera *anulabilidade,* dos actos administrativos a que falte um fim de interesse público, por serem praticados apenas tendo em vista a prossecução de interesses privados. É que, sendo nulos os actos a que falte um elemento essencial (CPA, art. 133.º, n.º 1), e sendo a prossecução do interesse público um dos elementos essenciais de qualquer acto administrativo, *a orientação das decisões administrativas para fins de interesse privado configura um caso típico de nulidade.* Nulidade esta que decorre do vício de *desvio de poder*, que consiste, nestas hipóteses, na prática de um acto administrativo tendo em vista a satisfação de ou mais interesses privados – e não a prossecução do interesse público, que é, além de um dever legal, um imperativo constitucional (Constituição, art. 266.º, n.º 1).

34. Terá sido isto o que se passou com o presidente do CJ, Dr. António Gonçalves Pereira, ao tomar, nas circunstâncias em que o fez, a decisão de encerrar abruptamente a reunião do CJ da FPF, em 4 de Julho de 2008?

Entendo que sim. Sem poder entrar aqui na análise dos *motivos últimos* que possam ter levado o presidente do CJ a tomar a decisão que tomou (matéria em que não sou especialista, nem disponho dos meios adequados para investigar), considero, na verdade, que, de um ponto de vista estritamente objectivo, é possível concluir que o presidente do CJ:

– Não actuou na prossecução do interesse público;
– Actuou na prossecução de, pelo menos, dois interesses privados.

35. Porque afirmo que o presidente do CJ não actuou na prossecução do interesse público?

Em primeiro lugar, porque, como vimos acima (no n.º 32), ele exerceu o poder legal de encerrar antecipadamente a reunião de um órgão colegial sem que se verificasse nenhuma das condições excepcionais a que um tal poder visa dar resposta adequada. Ora, pergunto eu: que outro fim de interesse público pode ser prosseguido por um órgão incumbido de funções públicas, se não ocorre nenhuma das circunstâncias de que a lei expressamente faz depender o exercício desse poder? Exercido fora dos pressupostos de facto e de direito que o condicionam, o poder legal, se mesmo assim é exercido, não pode visar nenhum fim de interesse público.

Em segundo lugar, e como já ficou demonstrado, o princípio da proporcionalidade impunha que aquela situação fosse resolvida por medidas menos gravosas, menos drásticas, menos radicais: optar primeiro por uma ou mais suspensões da reunião, para nos intervalos se tentar encontrar soluções que viabilizassem a continuação da reunião.

Em terceiro lugar, e por razões já explicadas, o interesse público desportivo exigia que os recursos respeitantes ao "Apito Final" fossem todos decididos naquele dia 4 – ou, o mais tardar, no Sábado 5 ou no Domingo 6 –, a fim de as correspondentes decisões, fossem elas quais fossem, já poderem ser levadas em conta no sorteio marcado para 2.ª feira, 7 de Julho. Era indispensável cumprir à risca o calendário desportivo português para a época de 2008-2009. Esta necessidade absoluta foi totalmente ignorada.

Concluo, assim, sob este primeiro aspecto, que o presidente do CJ não actuou na prossecução do interesse público. Nem do interesse público geral, nem do interesse público do bom funcionamento da reunião a que presidia, nem do interesse público desportivo no âmbito do futebol.

36. Passo agora a explicar o que é, a meu ver, possível concluir do exame dos factos apurados: que, de um ponto de vista estritamente objectivo, o presidente do CJ agiu na prossecução de, pelo menos, dois interesses privados.

(Esclareço, para os leitores deste parecer que não sejam juristas de formação, que tanto no Direito Administrativo, como no Direito Civil, como no Direito Penal, é legítimo – e muito frequente – procurar desvendar, por métodos objectivos, quais os fins das acções humanas e, em especial, quais os motivos determinantes que levam um indivíduo ou um órgão de uma pessoa colectiva a praticar um certo acto ou facto, ou a deixar de o praticar quando têm o dever de agir).

37. Vejamos melhor o que se passou. Por um lado, o presidente do CJ viu-se confrontado com uma série de acusações graves que punham em causa a sua isenção e imparcialidade – antes do início da reunião, através dos requerimentos do seu impedimento (impedimento dele, presidente) apresentados pelo Paços de Ferreira e, durante a reunião, mediante a proposta apresentada pelo vogal Dr. Álvaro Batista. Pior ainda: o presidente viu-se na iminência de ser imediatamente suspenso do exercício das suas funções e de, após o processo disciplinar proposto, vir a perder o cargo a que ascendera.

Podia ter usado logo da palavra em defesa da honra; podia ter optado pela suspensão da reunião, a fim de tentar construir um consenso; podia até optar pelo adiamento da continuação da reunião para um dos dias seguintes; ou podia ter alegado que o assunto estava fora da ordem de trabalhos e por isso só podia ser tratado na próxima reunião, quando estivesse devidamente agendado.

Mas não: o presidente do CJ não seguiu nenhum desses caminhos, obviamente mais adequados. Só lhe ocorreu encerrar de imediato a reunião, assim impedindo a votação da proposta de processo disciplinar, com a sua suspensão imediata, bem como a apreciação e votação dos requerimentos do seu impedimento apresentados pelo Paços de Ferreira. Ou seja: quis evitar, naquele dia, a sua suspensão ou a eventual declaração do seu impedimento, e a hipótese de, mais tarde, vir a ser demitido. Actuou, pois, em sua própria defesa – na defesa do seu prestígio de dirigente desportivo e na defesa da manutenção do seu cargo. O que seria legítimo, se fosse feito pelos meios legais ao seu alcance. Escolhendo um meio ilegal, em que situação ficou? Ficou na situação de *agir sem base legal com vista à prossecução de um interesse privado: o seu interesse pessoal.*

38. Por outro lado, julgo poder afirmar, convictamente, que foi prosseguido, pelo menos, um outro interesse privado.

O presidente do CJ é uma pessoa com uma longa experiência de participação em órgãos de justiça desportiva no âmbito do futebol, conforme me declarou quando o ouvi: esteve durante cerca de 15 anos no CJ da Associação de Futebol do Porto – primeiro como vogal, depois como vice-presidente, e finalmente como presidente. Está desde Janeiro de 2007 no CJ da FPF – onde entrou primeiro como vice-presidente e onde, em 23 de Novembro do mesmo ano, após o presidente eleito (Juiz Conselheiro Herculano Lima) se ter demitido, subiu ao lugar de presidente que hoje ocupa.

Com toda esta experiência acumulada, e sendo obviamente um advogado com larga prática da justiça desportiva no futebol –, o Dr. António Gonçalves Pereira foi formando a sua convicção sobre a solução mais adequada que, em seu entender, devia ser dada aos vários recursos pendentes no CJ. Concluiu que – e disse-o a todos os colegas – os recursos mereciam ter provimento, isto é, que o CJ devia revogar os acórdãos proferidos em 1.ª instância pela Comissão Disciplinar da Liga e, portanto, fazer desaparecer as sanções aplicadas ao Boavista e ao Sr. Pinto da Costa. A conclusão era legítima, por ser uma das duas soluções possíveis, ambas teoricamente defensáveis. (Não estudei, e portanto não sei, qual delas era a mais acertada: esse aspecto da questão foi excluído da Consulta que me foi feita e por isso está fora do objecto do meu parecer).

Sucede que, o mais tardar de 5.ª feira, 3 de Julho, para 6.ª feira, 4 de Julho, o presidente do CJ ficou finalmente inteirado de como votariam, nos casos do "Apito Final", todos os membros do CJ – pois que até lá recebeu todos os projectos de acórdãos dos relatores e todos os demais membros do CJ eram relatores de, pelo menos, um processo de recurso relacionado com o caso "Apito Final". Ou seja, nessa altura a questão mais controvertida de tal caso e que havia determinado a necessidade de uma reunião preparatória – precisamente a realizada em 16 de Junho de 2008 (v. o n.º 20 iii) – estava clarificada: aceitar, ou não, para efeitos disciplinares (caso "Apito Final"), as certidões e transcrições de escutas telefónicas feitas no âmbito da investigação criminal (caso "Apito Dourado"). A "contagem de cabeças" era simples e óbvia: haveria 4 votos a favor da confirmação das sanções aplicadas pela Comissão Disciplinar da Liga, e 3 votos contra.

A "lógica da situação" – como lhe chamou, com excepcional propriedade, o filósofo Karl Popper – impôs-se ao presidente do CJ: porque era experiente na matéria, porque tinha a sua convicção formada e porque (como é frequente na actuação dos indivíduos em posições de liderança) não gostava de perder votações importantes, o presidente tentou afastar o vogal Dr. João Abreu, alegando "impedimento": o que reduziria o número de presenças a 6, cabendo ao presidente desempatar (tecnicamente, com um "voto de qualidade"). A opinião jurídica do presidente do CJ triunfaria plenamente.

Mas a tentativa não resultou. E apareceu, de repente, contra ele, uma proposta de processo disciplinar e suspensão preventiva com que talvez não contasse.

Quando viu que a declaração de impedimento do Dr. João Abreu não foi acatada, e que por consequência a votação, se se fizesse naquele dia, levaria à vitória por 4 a 3 dos que não pensavam como ele, o Dr. António Gonçalves Pereira perdeu a calma (como ele próprio me confirmou quando o ouvi); mas (acrescento eu), em vez de lançar mão de qualquer das medidas menos drásticas que a lei punha à sua disposição para resolver bem a crise, precipitou-se e escolheu a solução mais radical: decidiu o encerramento imediato, antecipado, da reunião.

39. Quais terão sido, sempre numa análise que pretendo o mais objectiva possível, os motivos deter-

minantes da decisão do presidente do CJ, em função da "lógica da situação"? Houve, pelo menos, um segundo motivo. (Se houve outros ou não, mais difíceis de desvendar, não me compete a mim apurá--lo). Esse segundo motivo, tal como o primeiro, considero que também correspondeu à vontade de prosseguir um interesse privado. Qual?

Vimos que o primeiro motivo foi a vontade do presidente do CJ de defender o seu prestígio e a manutenção do seu cargo. O segundo foi o de evitar, a todo o custo, que os recursos relativos ao caso do "Apito Final" fossem decididos num sentido contrário ao da opinião jurídica que o presidente do CJ tinha formado. Ou seja: *tratou-se no mínimo, da prossecução do interesse privado, pessoal, do presidente de um órgão colegial que não aceita perder nenhuma votação importante.*

Que o presidente de um órgão colegial tente evitar a derrota num assunto que considera importante, é normal, desde que apenas use para isso meios inteiramente legais. Ao contrário de Maquiavel, os sistemas jurídicos democráticos não podem aceitar o princípio de que "os fins justificam os meios".

O que se passou, a meu ver – e sem ofensa para o Dr. António Gonçalves Pereira, que respeito como pessoa humana e que comigo conversou cordialmente quando foi ouvido –, foi o resultado de uma concepção autoritária do Poder: quem manda, manda bem; o chefe tem sempre razão; um presidente nunca perde.

Que foi este o motivo principalmente determinante da decisão de encerramento da reunião resulta bem claro da ponderação atenta das seguintes circunstâncias:

a) Não havia fundamento legal para encerrar a reunião, mas ela foi encerrada;
b) Dos vários meios jurídicos que a lei punha à disposição do presidente do CJ (suspensão, adiamento, marcação de nova reunião para Sábado ou Domingo, ou mesmo para a manhã de 2.ª feira, dia 7), *ele escolheu a única que afastava totalmente o risco de vir a perder as votações no âmbito do caso "Apito Final"*;
c) E a prova de que não estava interessado na decisão desses recursos, que todos consideravam *urgentes*, está em que *o presidente, ao encerrar a reunião, não marcou a data da reunião seguinte*, como é costume fazer-se, *e nunca mais convocou o CJ para deliberar sobre os mesmos recursos, desde 4 de Julho até hoje (20 dias)*. Esta atitude passiva não causará admiração a quem entenda que ele ficou, e está, validamente suspenso do exercício das suas funções; mas *causa estranheza que o próprio presidente do CJ, ao mesmo tempo que defende publicamente que a sua suspensão foi nula, ou até juridicamente inexistente, pelo que continua legitimamente em funções, nunca mais as tenha*

exercido: se entende que está no pleno exercício das suas funções, porque não convoca o CJ, uma e mais vezes, a fim de decidir os casos urgentes que estão em agenda? O motivo só pode ser um: evitar a derrota da sua opinião por um resultado de 3 a 4;
d) Um último argumento reforça e alarga a motivação pessoal, privada, que nada tem a ver com a necessária celeridade na decisão daqueles processos, antes a prejudica gravemente: logo no dia 6 de Julho de 2008, Domingo, o Dr. António Gonçalves Pereira, presidente do CJ, enviou uma carta ao presidente da Assembleia Geral da FPF, juntando cópia da acta da primeira parte da reunião de 4 de Julho, e requerendo a declaração de perda de mandato dos 5 vogais do CJ que permaneceram reunidos nesse dia, desacatando a sua decisão de encerramento da reunião.

Ora bem: o que pode levar o presidente de um órgão colegial a encerrar repentinamente, e sem fundamento legal, uma reunião em que havia decisões urgentes a tomar; a não convocar mais o órgão a que preside, durante cerca de 3 semanas, enquanto as decisões urgentes se vão transformando em urgentíssimas; e a pedir ao presidente da Assembleia Geral a declaração da perda de mandato de 5 dos 7 membros do CJ, que constituem uma maioria de 2/3 do respectivo órgão?

O motivo principalmente determinante (podendo haver outros, claro está) só pode ser um: *o presidente do CJ, Dr. António Gonçalves Pereira, não está disposto a fazer mais votações no CJ com a sua actual composição, mesmo que isso acarrete a paralisação do órgão por tempo indeterminado.*

40. Gostaria de, em duas breves palavras, chamar aqui a atenção de todos para o temível precedente que esta decisão do presidente do CJ, de 4 de Julho de 2008, ficaria a constituir, se fosse julgada válida como método legítimo de actuação dos presidentes de órgãos colegiais – públicos e privados – em Portugal.

Se o presidente de um órgão colegial, que está em minoria dentro desse órgão, puder bloquear as iniciativas ou propostas dos outros titulares do órgão com as quais não concorde, e lhe for considerado legítimo fazê-lo encerrando abruptamente reuniões e não convocando novas reuniões, só porque não aceita perder votações que para si são importantes – já se pensou nas consequências?

Se a moda pega, o que vai ser, daqui em diante, o funcionamento das câmaras municipais? E o dos órgãos universitários e politécnicos? E, noutro sector, o dos conselhos de administração das sociedades anónimas? Ou das associações e fundações?

Isto para já não falar no péssimo exemplo que se daria aos clubes de futebol e, em geral, às federações e clubes desportivos.

Poderia ser uma bola de neve de crescimento imparável!

41. Em resumo: a decisão do presidente do CJ, Dr. António Gonçalves Pereira, enferma de vários vícios (ou ilegalidades), nomeadamente *ofensa da Constituição, violação de lei e desvio de poder*. (E poderá configurar um *abuso de poder*, nos termos já referidos).

A falta da prossecução do interesse público – que constitui elemento essencial de qualquer acto administrativo –, devida à prossecução, em vez dele, de interesses privados (do agente ou de terceiros), produz a *nulidade* da decisão tomada, nos termos do artigo 133.º, n.º 1, do CPA.

Adiante veremos que consequências devem ser extraídas desta qualificação do acto como nulo e de nenhum efeito, para averiguar se foi ou não legítima a continuação daquela reunião, depois de encerrada por tal acto.

(5) *Acta da primeira parte da reunião*

a) *Os factos relevantes*

42. São os seguintes os factos apurados:
A acta da reunião do CJ de 4 de Julho de 2008, tal como lavrada pelo Dr. João Leal, sob a direcção imediata do Dr. António Gonçalves Pereira, e por

ambos rubricada e assinada, tal como referido no n.º 24), foi também presente aos vogais do CJ que decidiram continuar aquela reunião, mesmo na ausência do presidente e do vice-presidente daquele órgão. Os mesmos vogais, por acharem que o conteúdo daquele documento descrevia o que efectivamente se tinha passado desde o início da reunião do dia 4 de Julho de 2008 até à declaração do seu encerramento pelo Dr. António Gonçalves Pereira, cerca das 17.55 h, decidiram todos, no final, cerca das 00.45m do dia 5 de Julho de 2008, isto é, quando foram dados por concluídos os trabalhos agendados para a reunião do dia 4 de Julho, rubricar também as fls. 24 e 25 do Livro de Actas n.º 1 do mandato de 2007 a 2011 do CJ (v. o Anexo I).

No que se refere às tabelas mandadas afixar pelo Dr. António Gonçalves Pereira no local do costume, publicitando as decisões tomadas, as mesmas foram, antes de serem afixadas, levadas ao conhecimento dos vogais do CJ que haviam decidido continuar a reunião daquele órgão de 4 de Julho de 2008. Tais tabelas encontravam-se preenchidas pelo presidente do CJ e assinadas por este e pelo secretário do mesmo órgão. Todos os recursos inscritos na "Tabela – Recursos" respeitantes ao caso "Apito Final" – processos de recurso n.ºs 36, 37-38, 39-40, 41-43, 44-45 e 46 – tinham no espaço destinado à decisão a menção de "não decidido".

Tal tabela só foi afixada depois de os mencionados vogais do CJ terem acrescentado ao mesmo documento e subscrito a seguinte declaração: "a reunião do Conselho de Justiça ainda se encontra a decorrer. 20.00 h de 04/07/2008" (v. os Anexos II e III).

b) *O Direito aplicável*

43. Houve, pois, uma acta da primeira parte da reunião do CJ, ocorrida em 4 de Julho de 2008, entre as 16h e as 17h55.

Essa acta obedece a todos os requisitos legais, fixados nos artigos 27.º e 28.º do CPA, bem como, no tocante às federações desportivas, no artigo 33.º do Decreto-Lei n.º 144/93, de 26 de Abril, salvo num ponto que mencionarei adiante (n.º 44). Com efeito, e como mandam os referidos preceitos, lidos de forma conjugada, esta acta:

- Existe (v. o Anexo I);
- Contém um resumo de tudo o que ocorreu de essencial na parte da reunião a que respeita (CPA, art. 27.º, n.º 1);
- Inclui as 7 menções obrigatórias exigidas pelo mesmo preceito legal;
- Foi lavrada pelo secretário (*idem*, n.º 2);
- Foi aprovada por todos os membros presentes no final da reunião (*idem, idem*), o qual, como explicarei mais adiante, só ocorreu às 00h45;
- Está assinada pelo Dr. António Gonçalves Pereira, presidente do CJ, e pelo Dr. João Leal, secretário do CJ.

Tudo isto está conforme ao Direito aplicável.

44. Há, porém, dois pontos (aliás ligados) em que os diplomas legais pertinentes podem não ter sido cumpridos à letra. Vejamos.

O n.º 2 do artigo 27.º do CPA exige que a acta, depois de lavrada pelo secretário, seja assinada pelo presidente e pelo secretário, depois de "aprovada por todos os membros [presentes] no final da reunião".

Por outro lado, o artigo 33.º do Decreto-Lei n.º 144/93, de 26 de Abril, exige apenas "a assinatura por todos os presentes".

Qual destes dois preceitos é aplicável ao caso concreto em apreciação?

O CPA é uma lei geral sobre o procedimento administrativo e, nomeadamente, contém as regras gerais sobre o funcionamento de todos os órgãos colegiais da Administração pública, preceitos esses que só se aplicam directamente "à actuação dos órgãos das instituições particulares de interesse público" (caso da FPF) quando sejam "mandados aplicar pela lei" (CPA, art. 2.º, n.º 4).

Ora, não encontrei – e estou certo de que não existe – nenhuma lei genérica que regule as "instituições particulares de interesse público".

Há, contudo, duas leis especiais que contêm disposições aplicáveis às federações desportivas: o Decreto-Lei n.º 144/93, de 26 de Abril, e a Lei n.º 5/2007, de 16 de Janeiro. Nenhuma delas manda aplicar, na íntegra, o CPA às federações desportivas.

Mas o referido Decreto-Lei de 1993 contém uma norma especial sobre as "actas das reuniões de qualquer órgão colegial das federações desportivas": é o artigo 33.º.

De harmonia com o princípio geral de direito de que a norma especial posterior revoga ou prevalece sobre a norma geral anterior, e de que a norma geral posterior não revoga a norma especial anterior, salvo disposição expressa em contrário – e tendo o citado Decreto-Lei a data de 1993, pelo que é posterior ao CPA de 1991 (que entrou em vigor em Junho de 1992) –, deve prevalecer, em matéria de actas dos órgãos colegiais das federações desportivas, o disposto no Decreto-Lei n.º 144/93, de 26 de Abril.

Que diz ele?

Não faz tantas exigências como o CPA: contenta-se, no ponto que estamos a focar, com o requisito de que "a acta deve ser assinada por todos os presentes" (art. 33.º). Não exige, nomeadamente, como faz o CPA, que as actas sejam "aprovadas por todos os membros no final da respectiva reunião ou no início da seguinte".

Trata-se de um regime mais simplificado, por razões compreensíveis de atenuação do formalismo, mas que garante o essencial: que a acta de cada reunião não seja válida se for redigida e assinada, às escondidas, apenas pelo presidente e pelo secretário, mas que, pelo contrário, a validade da acta dependa da assinatura de todos os membros presentes e, portanto, da possibilidade de conhecimento integral, por parte de todos e de cada um, do texto que ficará a registar e a comprovar o que se tiver passado na reunião.

45. O problema que aqui se põe é este: a acta da primeira parte da reunião do CJ de 4 Julho só está *assinada* pelo presidente e pelo secretário, mas encontra-se *rubricada* pelos 5 vogais que permaneceram reunidos no fim da tarde e no começo da noite.

A *rubrica* dos 5 será suficiente, para que essa parte da acta seja válida, ou deve considerar-se inválida a acta por não conter as *assinaturas dos 5*?

A minha opinião é a de que, tendo-me todos os 5 declarado que leram e concordaram com essa primeira parte da acta, e tendo-a rubricado com pleno conhecimento do respectivo texto, a acta é válida.

Tendo havido uma só reunião e, portanto, uma única acta, as "assinaturas de todos os presentes" só tinham que ser apostas no final da reunião, como de facto aconteceu. (Ver adiante, o n.º 74).

(6) *Uma hora de ponderação sobre o que fazer*

a) *Os factos relevantes*

46. São os seguintes os factos apurados:
Depois de o presidente do CJ ter abandonado a sala, o Dr. Álvaro Batista pediu que o vice-presidente Dr. Costa Amorim assumisse a presidência da reunião.

Este respondeu que necessitava de pensar sobre o que fazer naquelas condições. Pouco depois, abandonou a sala e foi ao encontro do Dr. António Gonçalves Pereira numa tentativa de o persuadir a retomar os trabalhos ou, ao menos, a marcar uma nova reunião, atenta a urgência das decisões que estavam em causa. Sem êxito, regressa à sala e comunica aos demais membros do CJ presentes considerar não existirem condições para se formar um consenso entre todos (que também incluísse o presidente), e que em tais circunstâncias não pretendia continuar na reunião. Dito isto, saiu e não regressou mais.

A partir deste momento, cerca das 18.00 h, ficam na sala apenas os cinco vogais do CJ.

A sua primeira preocupação foi a de decidir o que fazer, atentos, por um lado, aquilo que consideravam ser um abuso de poder, ou um abuso de direito, do presidente do CJ, ao encerrar a reunião sem fundamento e ao inviabilizar, assim, a discussão e a decisão de assuntos que lhe diziam directamente respeito, bem como ao decidir como decidiu a questão do impedimento do Dr. João Abreu; e, por outro lado, a urgência de certas decisões agendadas para aquela mesma reunião, tendo em conta a realização dos sorteios para os campeonatos de futebol da "Liga Sagres" (a Primeira Liga) e da "Liga Vitalis" (Divisão de Honra da Liga) da época de 2008-2009.

O segundo sorteio ocorrera já no dia anterior, na quinta-feira, 3 de Julho de 2008; enquanto o primeiro se encontrava previsto para a segunda-feira seguinte, 7 de Julho de 2008. Recorde-se que, entre os processos inscritos na tabela para decidir na reunião do CJ em análise, se encontravam precisamente os recursos interpostos pelo Boavista Futebol Clube SAD das decisões disciplinares da Liga que determinavam a sua descida à "Liga Vitalis", e a consequente subida à "Liga Sagres" do Clube de Futebol de Paços de Ferreira.

Acresce que a posição jurídico-processual do Futebol Clube do Porto SAD também não era totalmente clara, uma vez que, embora não tivesse recorrido das decisões condenatórias proferidas pela Comissão Disciplinar da Liga (aceitando perder 6 pontos na classificação final do Campeonato da época 2007-2008), a verdade é que o seu dirigente, Sr. Jorge Nuno Pinto da Costa, arguido nos mesmos processos disciplinares em que aquelas decisões haviam sido proferidas, não se conformara com as mesmas. Permanecia (e permanece), assim, a dúvida sobre o "trânsito em julgado" da decisão condenatória relativa ao mencionado Clube.

Foram ponderados os prós e os contras das duas seguintes alternativas: adiar para uma nova reunião as decisões dos processos inscritos na tabela, ou prosseguir com os trabalhos. Uma nova reunião do CJ a realizar na semana seguinte afigurava-se, por razões de agenda e atentos os factos ocorridos naquela mesma reunião, inviável. Por outro lado, ainda que tal reunião fosse possível, a verdade é que teria de ocorrer sempre depois do sorteio referente à

"Liga Sagres". Por outro lado ainda, afigurava-se manifesta aos vogais presentes a total ilegitimidade do encerramento antecipado da reunião determinado pelo presidente do CJ. Daí o considerarem nula a decisão de encerramento e correcta a atitude de continuar a reunião de que a acta dá conta (v. o Anexo I).

Para o efeito, impunha-se designar o vogal que, na qualidade de presidente (v. adiante o n.º 48), deveria dirigir os trabalhos e assegurar o apoio administrativo aos mesmos.

No que se refere a este último aspecto, importa mencionar que o Dr. António Gonçalves Pereira, na sequência de ter declarado encerrada a reunião, determinou que a acta referente à mesma fosse elaborada de imediato, a fim de poder ser assinada por si e pelo secretário do CJ e de, consequentemente, poder levar consigo uma via da mesma acta. Para tanto, e como já referido, ele e o Dr. João Leal dirigiram-se para uma sala à parte e redigiram a parte da acta constante de fls. 24 e 25 do Livro de Actas n.º 1 do mandato de 2007 a 2011 do CJ. No final, ambos a rubricaram e assinaram.

Relativamente às tabelas dos processos inscritos para a reunião do dia 4 de Julho de 2008, preencheu-as, de acordo com o que até então havia sido decidido, e determinou que as mesmas fossem afixadas no local do costume para o efeito de serem publicitadas.

Além disso, o Dr. António Gonçalves Pereira havia proibido formalmente os funcionários que prestam apoio administrativo ao CJ de o fazerem relativamente aos vogais que continuavam reunidos. Estes, tomando conhecimento de tal decisão, contactaram telefonicamente o Presidente da Federação Portuguesa de Futebol (que era o legítimo superior hierárquico daqueles funcionários), o qual, que, pela mesma forma, autorizou que os mesmos funcionários prestassem o apoio que fosse necessário enquanto os vogais presentes na sala aí continuassem (sem se pronunciar, como é óbvio, sobre se a reunião era válida ou não).

b) *O Direito aplicável*

47. De harmonia com o Direito português vigente, não há nada de relevante a assinalar aqui, a não ser emitir a opinião de que considero que este período de 75 minutos foi, do ponto de vista técnico-jurídico, uma *interrupção* da reunião do CJ de 4 de Julho de 1980. A reunião seria retomada pelas 19h15.

Por outro lado, convém anotar a circunstância de, segundo os factos apurados, não ter havido nenhuma disputa, briga ou zaragata entre os 6 membros que ficaram na sala após a saída do presidente; e de o vice-presidente, Costa Amorim, adepto das mesmas opiniões jurídicas que as do presidente, e sempre solidário com ele, ter saído para conversar com o presidente lá fora, tentando convencê-lo a repensar a sua atitude, e de, ao regressar à sala, ter declarado aos 5 colegas, com a maior urbanidade e com mágoa, que não tinha conseguido encontrar condições para um consenso – após o que declarou que abandonava a reunião, e saíu.

Tudo isto reforça, a meu ver, a caracterização dos 40 minutos anteriores como uma reunião normal, embora tensa, mas de modo nenhum tumultuosa – não houve, nesse período, uma "guerra de todos contra todos", na expressão célebre de Hobbes (no "Leviathan").

(7) Reabertura da reunião e designação de um presidente-substituto

a) *Os factos relevantes*

48. São os seguintes os factos apurados:

Uma vez decidido não reconhecer efeitos à declaração de encerramento da reunião do CJ de 4 de Julho de 2008 proferida pelo seu presidente, e atenta a ausência do vice-presidente Dr. Costa Amorim, os restantes membros daquele órgão começaram por indicar o vogal Dr. Mendes da Silva para dirigir os trabalhos – por ser ele o vogal que, entre os presentes, ocupava a posição mais elevada na lista eleita na Assembleia Geral de 6 de Janeiro de 2007. O mesmo, todavia, e como consta da acta, não aceitou tal incumbência em virtude de se sentir momentaneamente indisposto. De qualquer modo, e como também resulta da acta, este vogal não só não abandonou a sala, como continuou a participar, na qualidade de vogal.

Para presidir à reunião foi então designado, "por consenso dos membros presentes", o vogal Dr. Álvaro Batista – o nome que figurava imediatamente a seguir na citada lista eleita em Assembleia Geral (v. o Anexo I).

b) *O Direito aplicável*

49. À luz do Direito aplicável, considerei *nula e, portanto, absolutamente ineficaz* – isto é, insusceptível de produzir quaisquer efeitos jurídicos – a decisão do presidente do CJ que determinou o encerramento antecipado da reunião de 4 de Julho de 2008.

Sendo assim, e de acordo com a doutrina e jurisprudência unânimes, tal decisão, por ser nula e de nenhum efeito, não era executória nem obrigatória, podendo ser ignorada e até desobedecida por todos, e nomeadamente pelos seus destinatários (ver o meu *Curso de Direito Administrativo*, vol. II, já citado, pp. 404-406, e a abundante bibliografia aí indicada).

Daqui decorre, em linha recta, que concordo com a conclusão unânime a que chegaram os 5 vogais do CJ, após o tempo de reflexão que a si próprios se impuseram, antes da reabertura da reunião que ocorreu por volta das 19h15.

50. Concordando com a qualificação de nulidade atribuída à decisão de encerramento da reunião, não considero que falte na acta a referência a uma "declaração de nulidade" da mencionada decisão do presidente, porquanto, nos termos do artigo 134.º, n.º 1, do CPA, "o acto nulo não produz quaisquer efeitos jurídicos, *independentemente da declaração da nulidade*".

Ou seja, para se considerar irrelevante e ineficaz um acto nulo, podendo-se assim ignorá-lo ou desobedecer-lhe, não é preciso começar por declará-lo nulo: ele é nulo porque a lei o fulmina com a sanção da nulidade (nulidade por *efeito automático* da lei), e não porque seja preciso esperar que qualquer órgão administrativo ou jurisdicional o declare nulo.

51. Note-se bem que a segunda parte da reunião decorreu na presença de 5 membros do CJ – isto é, mais um do que o *quorum* exigido por lei. A maioria simples, exigida por lei, seriam 4: mas estiveram 5, o que representa mais de 2/3 de um total de 7 (cfr. o art. 5.º do Regimento do CJ).

52. A eleição do vogal Dr. Álvaro Batista para desempenhar a função de presidente-substituto foi válida, pois conformou-se com o disposto no artigo 4.º do "Regimento do CJ da FPF", aprovado em 1999, que diz o seguinte:

"Na falta ou impedimento do Presidente, assume a presidência o Vice-Presidente e, na ausência ou falta de ambos, o Vogal indicado pelos membros do Conselho presentes".

Este preceito não manda seguir, como se vê, uma certa ordem pré-determinada na designação do presidente-substituto. E o CPA (art. 15.º) não é aplicável ao CJ – como já vimos –, senão a título subsidiário, pelo que esse artigo não prevalece sobre o artigo 4.º do Regulamento do CJ.

Por outro lado, a "indicação" inicial do vogal Dr. Mendes da Silva não pode ser interpretada como cumprimento de um dever de seguir um certo ordenamento entre os presentes, mas como mera sondagem sobre se aceitaria o cargo.

O Dr. Álvaro Batista foi eleito, e podia sê-lo. O Dr. Mendes da Silva não foi eleito, nem tinha o dever de aceitar sê-lo, pelo que continuou validamente na reunião como vogal – aliás, com sacrifício pessoal, pois se sentia indisposto.

(8) *A segunda parte da reunião*

a) *Os factos relevantes*

53. São os seguintes os factos apurados:
Durante a 2.ª parte da reunião foram aprovadas as seguintes seis decisões que constam de fls. 26 e 26, verso, do Livro de Actas n.º 1 do mandato de 2007 a 2011 do CJ (v. o Anexo I):

1. Para o caso de não ser considerada nula a decisão de encerramento da reunião proferida pelo presidente do CJ, a revogação da mesma com fundamento em ilegalidade (cinco votos a favor);

2. Sob proposta do presidente do CJ em exercício, e após o mesmo se ter ausentado da sala, a instauração de um processo disciplinar ao presidente titular do CJ Dr. António Gonçalves Pereira (a votação, por voto secreto, teve o seguinte resultado: três votos a favor e um branco);

3. Nos mesmos termos, a suspensão preventiva imediata do presidente (votação e resultados idênticos aos referidos no número anterior);

4. A participação, nomeadamente através do "envio de fotocópias das actas" daquela reunião, da deliberação de instaurar um processo disciplinar ao Dr. António Gonçalves Pereira e de suspender imediatamente o exercício das suas funções enquanto presidente do CJ ao Presidente da Assembleia Geral e ao Presidente da FPF, "para os fins tidos por convenientes" (cinco votos a favor);

5. A revogação do despacho do Dr. António Gonçalves Pereira de considerar impedido o vogal Dr. João Abreu quanto aos processos de recurso n.os 36 a 45 (cinco votos a favor);

6. A deliberação de não apreciar, por inutilidade superveniente, o pedido de suspeição oposto pelo Futebol Clube de Paços de Ferreira ao Dr. António Gonçalves Pereira, enquanto presidente do CJ (cinco votos a favor).

Após estas votações, a reunião foi interrompida, das 21.30 h às 23.00 h, para jantar.

b) *O Direito aplicável*

54. À luz do Direito aplicável – e uma vez que a continuação da reunião era válida e havia *quorum*, bem como um presidente-substituto e um secretário –, o que importa agora determinar é se as decisões tomadas pelo CJ, entre as 19h15 e as 21h30, foram legais ou não e, em caso de invalidade, de que forma de invalidade enfermam: nulidade ou anulabilidade?

55. Como resulta dos factos expostos no n.º 53, foram tomadas nesta fase 6 decisões, cuja validade apreciarei pela ordem por que foram votadas.

56. *1.ª decisão*: revogar a decisão de encerramento da reunião do CJ proferida pelo seu presidente às 17h55, "para o caso de não se considerar nula a referida decisão do Dr. António Gonçalves Pereira".

Já disse que considero nula esta última, pelo que a revogação – decidida apenas por cautela, e sob condição – deve ter-se por eliminada ("efeito resolutivo" da não verificação de condição resolutiva: Código Civil, art. 270.º).

Foi, no entanto, prudente tomar esta decisão para acautelar eventuais qualificações diversas das de nulidade.

57. *2.ª e 3.ª decisões*: apreciação e votação da dupla proposta do Dr. Álvaro Batista, apresentada (como vimos) na fase final da primeira parte da reunião, no sentido da instauração de processo disciplinar contra o presidente do CJ, Dr. António Gonçalves Pereira, e da suspensão preventiva imediata deste.

O Dr. Álvaro Batista não precisava de se ter ausentado da sala, pois os membros de um órgão colegial, ou mesmo os seus presidentes, não estão legalmente impedidos de apreciar, debater e votar as suas próprias propostas. Mas, no plano ético, foi uma atitude louvável.

58. Quanto à *instauração de processo disciplinar*, pelo CJ, contra o respectivo presidente, já disse atrás (n.º 31) que era admissível – e devia ser admitida –, por ser o CJ o órgão competente para exercer o poder disciplinar sobre qualquer dos seus membros, sem excluir o presidente, como é óbvio. É o que dispõe o artigo 11.º, n.º 1, alínea b), do Regimento do CJ.

Mas poderia ser objecto de votação naquela reunião de 4 de Julho de 2008?

A meu ver, não podia, pois o tema não constava da ordem de trabalhos da referida reunião, e ninguém accionou o mecanismo do artigo 19.º do CPA. Provavelmente, teria havido unanimidade: mas nem sequer houve votação. Não se cumpriu, pois, uma formalidade essencial, pelo que há *vício de forma*, gerador de anulabilidade (já que o caso não consta das situações de nulidade previstas no art. 133.º do CPA).

59. Quanto à decisão que determinou a imediata *suspensão preventiva do arguido*, ela padece, em meu entender, de dois *vícios de forma*: o primeiro é igual ao anterior – vício de forma por preterição de formalidade essencial (inobservância do art. 19.º do CPA).

O segundo *vício de forma* é, quanto a mim, a falta de audiência prévia do Dr. António Gonçalves Pereira quanto à intenção de o sujeitar à suspensão imediata do exercício das suas funções.

Dantes, a suspensão preventiva do arguido em processo disciplinar não era um acto administrativo recorrível, por falta de definitividade horizontal. Mas actualmente, sendo contenciosamente impugnáveis, em princípio, todos os actos lesivos, sejam ou não definitivos, afigura-se que, por via de regra, a suspensão preventiva do arguido deve ser precedida de audiência prévia, nos termos dos artigos 100.º e seguintes do CPA.

É certo que a alínea a) do n.º 1 do artigo 103.º exclui a necessidade de audiência prévia "quando a decisão seja urgente". E é evidente que, no entender dos vogais que votaram a favor, a urgência existia, pois a proposta falava em suspensão *imediata*.

Mas sempre tenho considerado que a existência de urgência, nestes casos, deve ser expressa e adequadamente fundamentada. (V. o *Código do Procedimento Administrativo Anotado*, da minha autoria conjunta com outros autores, 6.ª ed., "Almedina", Coimbra, 2003, p. 195). E não o foi, senão com uma vaga referência à "salvaguarda da autoridade e prestígio da organização desportiva do futebol" – ideia que pode ser adequada para justificar a suspensão preventiva, mas não para fundamentar a urgência da sua imposição imediata, sem audiência prévia.

É este o segundo *vício de forma* de que padece a decisão tomada. Também ele é causa de mera anulabilidade, por não constar do elenco de nulidades do artigo 133.º do CPA.

Assim, considero que a 2.ª e 3.ª decisões são anuláveis. Como tais, elas são eficazes e, por isso, obrigatórias para os seus destinatários – pelo menos, enquanto não forem revogadas por um órgão administrativo competente, ou enquanto não forem suspensas ou anuladas por um tribunal administrativo.

Nestes termos, o Dr. António Gonçalves Pereira encontra-se, para já, juridicamente suspenso do exercício das suas funções de presidente do CJ, desde a madrugada de 4 para 5 de Julho.

O presidente suspenso, enquanto a suspensão se mantiver, deve obediência à decisão tomada pelo órgão competente, apesar de ilegal por vício de forma, pois que a anulabilidade não impede a eficácia plena do acto praticado até que este seja suspenso ou extinto.

60. *4.ª decisão*: foi deliberado por unanimidade participar a 2.ª e a 3.ª decisões, anteriormente toma-

das, "para os fins tidos por convenientes", aos presidentes da Assembleia Geral e da FPF.

Nada a observar, sob o ponto de vista estritamente jurídico.

Sublinhe-se que, ao contrário do que chegou a ser noticiado na Comunicação Social, os 5 vogais que asseguraram a continuação dos trabalhos não pediram nem propuseram a destituição do presidente do CJ, Dr. António Gonçalves Pereira, ou a declaração de perda do seu mandato, embora este a tenha pedido contra eles.

61. *5.ª decisão*: foi apreciado e votado o recurso interposto, no final da primeira parte da reunião, pelo Dr. João Abreu contra a decisão do presidente do CJ que declarou o seu impedimento.

Como já expliquei atrás (n.º 26), não foram alegados, pelos requerentes deste impedimento, quaisquer argumentos de facto ou de direito que pudessem justificar uma declaração de impedimento relacionada com o caso do "Apito Final". A declaração de impedimento proferida pelo presidente do CJ contra o Dr. João Abreu foi nula, por versar matéria das atribuições do órgão administrativo máximo da FPF, a Assembleia Geral (*usurpação de poder*).

Sendo nulo, o acto do presidente não carece de revogação, pelo que esta era desnecessária e tinha, em termos de lógica jurídica, um objecto impossível.

Mas poderá eventualmente valer como revogação se vier a ser considerado pelo tribunal administrativo competente que o valor jurídico negativo da mencionada declaração de impedimento do Dr. João Abreu é a anulabilidade, e não a nulidade. Restará saber se, enquanto revogação, tal decisão será orgânica e materialmente válida, aspecto em que não tenho de entrar aqui.

62. Também não preciso de me pronunciar neste parecer sobre a questão de saber se o Dr. João Abreu se encontra abrangido pela norma das incompatibilidades entre cargos constante do artigo 13.º, n.º 2, dos Estatutos da FPF.

Mas a questão existe e precisa de ser esclarecida pelo órgão competente.

Sugiro que, se este parecer for enviado ao presidente da Assembleia Geral, essa questão seja suscitada com autonomia face às restantes.

63. 6.ª *decisão*: o Conselho debruçou-se sobre os requerimentos de suspeição formulados contra o presidente do CJ, Dr. António Gonçalves Pereira, designadamente pelo Paços de Ferreira.

Foi decidido, porém, não tomar conhecimento do assunto, porque, tendo o Dr. António Gonçalves Pereira sido suspenso do exercício das suas funções, não podia participar nas votações relativas aos recursos em que se alegava a suspeição. Invocou-se, para isso, a figura processual da "inutilidade superveniente da lide".

Considero correcta a decisão tomada. A decisão contrária conduziria a uma redundância completamente inútil: impedir de votar uma pessoa já suspensa das suas funções.

64. E aqui terminou a segunda parte da reunião. Eram 21h30. Os 5 membros do CJ foram jantar. A acta não menciona a interrupção ocorrida entre as 21h30 e as 23h: devia mencioná-la; mas a omissão é irrelevante.

(9) *A terceira parte da reunião*

a) *Os factos relevantes*

65. São os seguintes os factos apurados:
Retomados os trabalhos, pelas 23.00 h, a reunião prosseguiu até cerca das 0.45h com a apreciação dos recursos inscritos na "Tabela – Recursos" respeitantes ao caso "Apito Final" – processos de recurso n.ᵒˢ 36, 37-38, 39-40, 41-42-43, 44-45 e 46, tendo sido adoptadas as decisões referidas na fl. 27 do Livro de Actas n.º 1 do mandato de 2007 a 2011 do CJ (v. o Anexo I).

Cumpre, a tal respeito, salientar a coerência das votações do Dr. Mendes da Silva com as posições por si assumidas na reunião preparatória de 16 de Junho de 2008, data em que, ao lado do vice-presidente Dr. Costa Amorim, se pronunciou contra a admissibilidade e valoração como meio de prova em processo disciplinar de escutas telefónicas ou de transcrições das mesmas constantes de certidões extraídas de processos do foro criminal (sobre esta reunião, v. atrás o n.º 20, iii). Com efeito, no que se refere ao processo de recurso n.º 36, tais meios de prova não constituíam condição necessária nem suficiente da pertinente condenação – daí a votação por unanimidade no CJ. Já quanto aos demais recursos decididos nesta fase da reunião – os processos n.ºs 37-38, 41-42-43 e 44-45 –, as decisões recorridas pressupunham a admissibilidade de tais meios de prova em processos disciplinares – daí a votação por maioria, 4 votos a favor e um contra, justamente do Dr. Mendes da Silva que, em cada caso, juntou uma declaração de voto nos termos do Anexo IV ao presente parecer.

b) *O Direito aplicável*

66. Na terceira parte da reunião, que durou perto de 2 horas, foram apreciados 11 processos inscritos na tabela para julgamento na reunião de 4 de Julho de 2008, tendo sido decididos 8 e adiados 3. Dos processos adiados, 2 foram-no por não estar presente o respectivo relator (o Dr. Costa Amorim) e só 1 ficou por tratar "devido ao adiantado da hora" (cfr. o Anexo III).

Vejamos o que importa apreciar em relação a cada um deles.

67. No conjunto dos 8 processos decididos, houve duas situações diferentes:

a) O processo de recurso n.º 36 (época de 2007-2008) foi decidido por unanimidade;
b) Quanto aos processos de recurso n.ᵒˢ 37-38, n.ᵒˢ 41-42-43, e n.ᵒˢ 44-45, foram todos aprovados por maioria, sempre com a votação de 4 a 1, sendo que o voto contra, em todos os casos, foi do vogal Dr. Mendes da Silva, que juntou declarações de voto idênticas nos três grupos de processos apensados (ver o Anexo IV).

68. Do ponto de vista ético, é de realçar a atitude muito especial do Dr. Mendes da Silva (sem desprimor para os seus colegas presentes). Com efeito, o Dr. Mendes da Silva, tendo anunciado mais de quinze dias antes, nomeadamente logo na reunião de 16 de Junho de 2008, que votaria como o presidente do CJ nos recursos referentes ao caso "Apito Final" – por não considerar válido o aproveitamento das escutas telefónicas feito nos processos disciplinares da Liga –, não hesitou, primeiro, em pronunciar-se a favor da continuação da reunião em 4 de Julho de 2008, depois em manter-se nela até ao fim, e por último, em votar ora conjuntamente com os demais colegas, ora em sentido contrário ao deles, conforme os casos.

69. A análise jurídica que farei das decisões tomadas nos 8 processos que foram decididos será comum a todos eles, pois não encontrei – do ponto de vista do objecto específico deste parecer – nada de diferente entre eles.

Recordo aqui – uma vez mais – que não me foi solicitada, nem eu a poderia aceitar, a apreciação do mérito jurídico das decisões tomadas sobre os 8 processos de recurso a que foi negado provimento.

O que tenho de apurar é se, de um ponto de vista orgânico, formal, e procedimental ou processual, houve ou não alguma ilegalidade e, em caso afirmativo, quais as respectivas consequências jurídicas.

Ora, devo dizer que, após um minucioso exame do assunto, não encontrei nenhuma ilegalidade.

Sob o ponto de vista *orgânico*, as decisões sancionatórias proferidas pela Comissão Disciplinar da Liga eram da sua competência e de tais decisões cabia recurso para o CJ. Foi o que aconteceu.

Todos os recursos decididos em 4 de Julho foram interpostos dentro de prazo e pela forma apropriada.

Como a Comissão Disciplinar da Liga os remeteu para o CJ sem os correspondentes processos instrutores, o CJ mandou pedi-los com urgência, e foi prontamente atendido.

Seguiu-se uma primeira distribuição dos processos pelos relatores. Mas o CJ, *por unanimidade*, deliberou apensar alguns, de modo a evitar a dispersão de processos de objecto idêntico por relatores diversos. Ninguém protestou ou recorreu.

À medida que os projectos de acórdão foram ficando prontos para julgamento, os respectivos relatores ordenaram a sua inscrição em tabela, o que foi cumprido pela secretaria.

Todos os projectos de acórdão referentes à ordem de trabalhos da reunião de 4 de Julho de 2008 foram circulados entre os 7 membros do CJ, com a antecedência regulamentar prevista. Nenhum desses 7 membros se queixou de nada.

A apreciação, discussão e votação dos 8 processos de recurso que foram decididos decorreu dentro da maior normalidade. Em 7 desses 8 recursos, houve um voto de vencido, sempre do vogal Dr. Mendes da Silva, cuja declaração está reproduzida no Anexo IV.

A relativa celeridade com que se resolveram estes casos deve-se ao facto de os presentes já conhecerem bem todos os processos, bem como às várias trocas de impressões informais e por e-mail que estabeleceram entre si, como era prática tradicional no CJ.

Apesar de divididos quanto ao sentido da decisão em 7 dos 8 recursos, os 5 membros do CJ presentes deliberaram com toda a calma, serenidade e total respeito das opiniões de uns e outros.

É positivo que assim tenha sido.

70. Não tenho, pois, nenhuma ilegalidade ou irregularidade a assinalar, sob os aspectos orgânico, formal, e procedimental ou processual.

71. A partir do momento em que todas as decisões dos 8 recursos examinados pelo CJ foram *recusas de provimento*, isso significa que *nos processos relativos ao "Apito Final" – designadamente nos casos do Boavista F.C. e do Sr. Pinto da Costa – o CJ da FPF confirmou totalmente as decisões recorridas* (isto é, as decisões sancionatórias proferidas pela Comissão Disciplinar da Liga), excepto no processo de recurso interposto por Jacinto Santos Silva Paixão, que obteve provimento parcial.

Ora, a decisão de negar provimento a um recurso significa, neste tipo de casos, que o CJ *confirma e mantém* os acórdãos proferidos pela Comissão Disciplinar da Liga – salvo no caso de Jacinto Paixão, em que há *uma parte confirmativa* e *uma parte revogatória*.

72. Qual o sentido e alcance dessas decisões confirmativas?

É o seguinte:

a) As decisões do CJ, uma vez tomadas, são notificadas às partes e, logo que transitadas, constituem "caso julgado", nos termos da lei aplicável (Reg. do CJ, arts. 55.º e 56.º, n.º1);

b) As decisões do CJ que constituam "caso julgado" tornam-se, nesse momento, obrigatórias e executórias para todos os órgãos da FPF, para todos os sócios desta, e para todos os agentes desportivos que nela estejam inseridos ou inscritos (*idem*, art. 56.º, n.º2);

c) Todas as individualidades e entidades referidas na alínea b), e em especial os recorrentes e recorridos, ficam vinculados pelo dever de respeitar o caso julgado e, na medida em que a decisão imponha ou reafirme a existência para eles de deveres, encargos ou sujeições, ficam também obrigados a cumprir os primeiros e a acatar as segundas (é o caso, por ex., das decisões que confirmem a aplicação de sanções disciplinares);

d) No caso de o recurso interposto ter tido "efeito suspensivo" – isto é, ter causado a suspensão da decisão recorrida até à decisão final do órgão que julga o recurso –, a decisão deste, quando transitada em julgado, liberta os efeitos da decisão recorrida, que podem finalmente começar a produzir-se de imediato (por ex., a sanção aplicada ao Boavista, que esteve suspensa até à madrugada de 5 de Julho, passou a poder ser aplicada na íntegra);

e) Diferentemente, no caso de o recurso interposto ter tido "efeito meramente devolutivo" – isto é, ter transferido (ou devolvido) a competência decisória para o órgão superior, mas sem suspender a decisão proferida na 1.ª instância –, a decisão recorrida deverá ter começado a produzir os seus efeitos logo que notificada às partes e já estará a ser cumprida pelos que tiverem sido vencidos, condenados ou punidos. Por isso, a confirmação pelo CJ de uma decisão nestas condições nada lhe acrescenta, mas afasta as dúvidas ou incertezas sobre se ela iria ou não ser revogada, torna-a definitiva e irrevogável (pelo menos no âmbito da justiça desportiva), e equivale na prática a uma ordem de prosseguir com a execução da decisão recorrida, se esta já estiver a ser executada, ou a uma ordem de iniciar a execução, se por qualquer motivo esta não tiver ainda começado;

f) As decisões do CJ que, em recurso que não tenha merecido provimento, confirmem decisões da Comissão Disciplinar da Liga, impõem-se por si próprias aos respectivos destinatários, sem que careçam de qualquer forma de "homologação" para serem cumpridas.

A terceira e última parte da reunião do CJ, de 4 de Julho de 2008, foi validamente encerrada às 00h45m.

(10) *Acta da segunda e terceira partes da reunião de 4 de Julho*

a) *Os factos relevantes*

73. São os seguintes os factos apurados:
A acta correspondente à segunda e terceira partes da reunião foi lavrada pelo secretário do CJ, Dr. João Leal, e por ele rubricada e assinada. O mesmo

fizeram os cinco vogais do CJ que prosseguiram com a reunião deste órgão de 4 de Julho de 2008: rubricaram as fls 26 e 26, verso, e assinaram a fl. 27, todas do Livro de Actas n.º 1 do mandato de 2007 a 2011 do CJ (v. o Anexo I). Foi nessa ocasião que, conforme referido no n.º 42 e ss., e pelas razões aí indicadas, também rubricaram as fls. 24, 24, verso, e 25, do citado Livro de Actas, correspondentes à primeira parte daquela mesma reunião.

No respeitante à publicitação das deliberações aprovadas na terceira parte da reunião, cumpre ainda referir que foi mandada afixar, e afixada, uma "continuação" da "Tabela – Recursos", desta feita assinada pelos cinco membros do CJ que continuaram a reunião deste órgão em 4 de Julho de 2008, dando conta das decisões adoptadas com referência aos processos de recurso nela inscritos (cfr. o Anexo III).

b) *O Direito aplicável*

74. Como já foi dito, a acta da reunião do CJ, de 4 de Julho de 2008, encontra-se dividida em dois segmentos: as primeiras 3 páginas referem-se à primeira parte da reunião, que foi presidida pelo Dr. António Gonçalves Pereira; e as 3 páginas seguintes reportam-se ao que chamei a segunda e terceira partes da mesma reunião.

Do ponto de vista do Direito aplicável, estaremos aqui em presença de uma só acta, dividida em dois segmentos, ou de duas actas distintas e autónomas?

Parece-me incontroverso que, se a reunião foi só uma, embora interrompida várias vezes, a acta também só pode ser uma, pois que, como diz a lei, "de cada reunião será lavrada acta" (CPA, art. 27.º, n.º1), que o mesmo é dizer, invertendo a ordem das palavras, "será lavrada acta de cada reunião".

Portanto, segundo a lei portuguesa, a cada reunião corresponde uma acta, e cada acta corresponde a uma reunião.

75. O que poderá estranhar-se é que, no 2.º segmento da acta, o Dr. Álvaro Batista não apareça referido como "presidente-substituto".

Não creio, todavia, que este pequeno pormenor seja um vício de forma *invalidante:* sê-lo-ia se fosse aqui aplicável o artigo 27.º do CPA; mas já vimos que não é.

A norma legal aplicável às actas do CJ é uma norma especial para as federações desportivas – o artigo 33.º do Decreto-lei n.º144/93, de 26 de Abril. Ora, este preceito não exige que as actas sejam assinadas "pelo presidente e pelo secretário" (como no art. 27.º, n.º2, do CPA), mas antes que elas sejam "assinadas por todos os presentes".

Ora o segundo segmento da acta que está aqui a ser analisado encontra-se assinado por todos os membros do CJ que estavam presentes imediatamente antes do encerramento da reunião, às 00h45m.

Portanto, não há aí qualquer ilegalidade.

(11) *Factos posteriores à reunião de 4 de Julho de 2008*

a) *Os factos relevantes*

76. São os seguintes os factos apurados:
Considerando a mencionada publicidade das deliberações do CJ aprovadas na sua reunião de 4 de Julho de 2008, o Dr. António Gonçalves Pereira, ao tomar conhecimento das mesmas, decidiu (i) requerer, previamente às competentes acções administrativas especiais, junto do Tribunal Administrativo e Fiscal do Porto, a "suspensão da eficácia de actos administrativos" imputados ao CJ e praticados durante as segunda e terceira partes da reunião daquele órgão de 4 de Julho de 2008; (ii) requerer ao Presidente da Assembleia Geral da Federação Portuguesa de Futebol, nos termos do artigo 70.º, alínea b), dos respectivos Estatutos, a declaração da perda de mandato relativamente a cada um dos 5 vogais do CJ que continuaram a reunião deste órgão em 4 de Julho de 2008.

Recorde-se que esses 5 vogais decidiram enviar uma carta ao Presidente Assembleia Geral e ao Presidente da FPF, contendo em anexo cópia da acta completa da mencionada reunião, fazendo-o "para os efeitos tidos por convenientes". Não requereram, nem mencionaram, a destituição ou a perda de mandato do presidente do CJ.

b) *O Direito aplicável*

77. Acerca dos factos mencionados no número anterior, apenas há que esclarecer bem um aspecto: enquanto os 5 vogais do CJ enviaram cópia da acta completa da reunião de 4 de Julho de 2008 ao presidente da Assembleia Geral e da FPF, "para os efeitos tidos por convenientes", o presidente do CJ, Dr. António Gonçalves Pereira, por seu lado, enviou ao mesmo órgão da FPF cópia da referida acta, *pedindo a declaração de perda do mandato dos 5 vogais que continuaram com a reunião de 4 de Julho*.

A atitude do presidente do CJ, ao formular esse pedido, quanto a 5 membros de um órgão cuja composição estatutária é de 7 membros – e sendo certo que já não há mais suplentes –, revela, numa análise serena e objectiva, pelo menos os aspectos seguintes:

- a) O presidente do CJ considera inaceitável a atitude que os 5 vogais tomaram, no sentido de continuarem com a reunião, e decidirem os casos urgentes que estavam agendados;
- b) O presidente do CJ mostra não estar disposto a continuar a trabalhar com esses 5 vogais;
- c) O presidente admite, portanto, que o CJ possa ficar paralisado por um ou mais meses.

78. Há aqui, a meu ver, um comportamento do presidente do CJ que poderá configurar o ilícito previsto nos artigos 385.º e 386.º do Código Penal –

abandono de funções públicas ou negligência no seu desempenho, com a "intenção de impedir ou de interromper serviço público", confiado por lei a um "organismo de utilidade pública".

Dado não ser esta uma matéria da minha especialidade, sugiro que a direcção da FPF solicite a atenção da Procuradoria-Geral da República para esta importante questão.

Adiante direi o que penso acerca da situação em que se encontra neste momento colocado o CJ da FPF, por força dos acontecimentos de 4 de Julho passado, conjugados com o pedido de declaração de perda do mandato de 5 dos seus vogais.

§ 5.º
Síntese das conclusões parcelares

79. De tudo quanto foi escrito até aqui neste parecer posso sintetizar do modo seguinte as *conclusões parcelares* a que fui chegando:

(1) *Quanto aos antecedentes da reunião de 4 de Julho de 2008*

– Houve três adiamentos da reunião decisiva de 4 de Julho, mas os motivos invocados em cada caso parecem-me razoáveis, e o atraso globalmente considerado foi de apenas 10 dias (de 24 de Junho a 4 de Julho);

– Contudo, se é certo que a reunião do CJ, finalmente efectuada em 4 de Julho de 2008, se tivesse corrido bem e esgotado a sua agenda, ainda iria a tempo de poder ser levada em conta no sorteio da "Liga Sagres" para a época de 2008-2009, que teve lugar em 7 de Julho seguinte, não é menos verdade que, na data em que se realizou, já foi demasiado tardia para poder ser considerada no sorteio da "Liga Vitalis" para a mesma época, que ocorreu no dia anterior, ou seja, em 3 de Julho;

– Este atraso é imputável ao facto de o CJ não ser constituído por profissionais da justiça em tempo integral, mas por advogados que têm os seus julgamentos em datas marcadas pelos tribunais (aspecto a que voltarei no final);

– É censurável, porque prejudica o funcionamento regular e contínuo do CJ e torna mais difícil a comparência dos seus membros às reuniões, *que o respectivo presidente, Dr. António Gonçalves Pereira, violando o disposto no artigo 16.º do CPA, nunca tenha cumprido o seu dever de fixar a periodicidade, em dias e horas certos, das reuniões ordinárias.*

(2) Quanto aos primeiros 75 minutos da reunião

– Este período decorreu com plena normalidade e foram decididos 5 assuntos incluídos na agenda, estando presentes os 7 membros do CJ;
– Nada mais a observar.

(3) Quanto aos impedimentos suscitados e à decisão tomada sobre um deles

– Até poucas horas antes da reunião de 4 de Julho, foram suscitados pelos vários interessados 9 incidentes de suspeição ou impedimento: 3 em relação ao presidente do CJ, Dr. António Gonçalves Pereira, e 6 em relação ao vogal Dr. João Abreu;
– O presidente não inscreveu na ordem de trabalhos, como devia, a apreciação pelo CJ dos requerimentos que solicitavam a declaração do seu próprio

impedimento, nem sequer os referiu quando tratou do caso paralelo do Dr. João Abreu. Esta atitude constitui um comportamento que *ofende o princípio do Estado de Direito Democrático* (Constituição, art. 2.º) e o *princípio constitucional da imparcialidade no exercício de funções públicas* (art. 266.º, n.º2); viola os *deveres legais de isenção e imparcialidade*, entre os quais o dever de ser o próprio indivíduo a auto-declarar-se impedido antes que outros o façam perante o seu silêncio, ou a dar conhecimento aos demais membros do órgão colegial de que existe um requerimento no sentido de o declarar impedido (CPA, art.ᵒˢ 44.º e segs.); e, no caso de se verificar tal situação de impedimento, a mesma acarreta, nos termos da lei, a consequência de que "*a omissão do dever de comunicação [das situações de impedimento de quem está impedido] constitui falta grave para efeitos disciplinares*"(CPA, art. 51.º, n.º2);

– No que respeita ao alegado impedimento do vogal Dr. João Abreu, os argumentos invocados pelos requerentes, e pelo presidente do CJ, que lhes deu razão e declarou impedido o Dr. João Abreu, nada tinham a ver especificamente com os processos agendados para a reunião de 4 de Julho, mas sim com a eventual situação de *incompatibilidade genérica* em que poderá encontrar-se o Dr. João Abreu, por ser vogal do CJ e, simultaneamente perito inscrito na respectiva lista do "Regulamento do Estatuto, da Inscrição e Transferências de Jogadores", o que poderá violar o disposto no artigo 13.º, n.º2, dos Estatutos da FPF; se tal violação se verificar, ela acarretará perda de mandato (art. 17.º, al. c)). Acontece, porém, que só se houvesse uma situação de *impedimento* é que o presidente do CJ teria competência, nos termos do artigo 45.º do CPA, para declarar impedido algum membro do órgão colegial; tratando-se de uma alegada *incompatibilidade* por acumulação de dois cargos dentro da FPF, o único órgão competente para a verificar e declarar é o presidente da Assembleia Geral, com recurso da decisão daquele para o plenário desta (Estatutos, arts. 71.º n.º 4, e 23.º n.º 5, conjugados com o art. 17.º, al. c)). *Sendo assim, o despacho do presidente do CJ estava ferido de nulidade, por usurpação de poder; por seu lado, o Dr. João Abreu actuou licitamente ao recusar-se a acatar uma decisão que, sendo nula, não produzia quaisquer efeitos, não sendo obrigatória para ninguém*;

– Porém, uma vez que foi suscitada, e não está esclarecida, a questão da eventual incompatibilidade do Dr. João Abreu, *entendo ser indispensável que o problema seja posto de imediato ao presidente da Assembleia Geral*;

– Os factos descritos acima, e nomeadamente o almoço de 29 de Abril de 2008 – realizado cerca de um mês após a tomada de posse do Dr. João Abreu do cargo de vogal efectivo do CJ –, *demonstram a boa fé do Dr. João Abreu e tornam suspeita a actuação do presidente do CJ, Dr. António Gonçalves Pereira*, que em Abril considerava não haver nenhuma incompatibilidade do Dr. João Abreu com base na acumulação de cargos e em Julho do mesmo ano (apenas 3 meses depois) declarou o mesmo Dr. João Abreu *impedido pelo mesmo motivo*;

– Não foi possível apurar (por haver apenas dois testemunhos contraditórios) se o Dr. João Abreu foi ou não ouvido antes de tomada a decisão que o afectava, e se o foi pela forma legal. Se as respostas forem negativas, *haverá aqui outra ilegalidade da parte do presidente do CJ: um vício de forma, por falta de audiência prévia do interessado.*

(4) *Quanto aos 40 minutos de alguma tensão e ao encerramento antecipado da reunião*

– Não houve qualquer *tumulto* que pudesse levar a considerar a reunião, nesta fase, como "reunião tumultuosa" (CPA, art. 133.º, n.º 2, al g)). Aliás, se o presidente do CJ assim o entendesse, deveria tê-lo feito mencionar na acta, o que não fez;

– Não ocorreu, neste período, qualquer "circunstância excepcional" que pudesse justificar o encerramento antecipado da reunião (CPA, art. 14.º, n.º 3);

– O presidente do CJ só decidiu encerrar abruptamente a reunião às 17h55, depois de tomar conhecimento de uma proposta do Dr. Álvaro Batista que visava instaurar-lhe um processo disciplinar e decidir a sua imediata suspensão preventiva. *Os motivos principalmente determinantes da decisão de encerramento foram*:

- *Evitar a votação dessas propostas do Dr. Álvaro Batista;*

- *Evitar a votação dos requerimentos do impedimento do presidente do CJ apresentados pelo Paços de Ferreira*;

– Hoje, depois de conhecidos, quer o sentido de voto de cada um dos membros do CJ referentes à questão mais crítica na decisão dos recursos no âmbito do caso "Apito Final" – a admissibilidade das escutas telefónicas –, quer o pedido de declaração de perda do mandato dos cinco vogais do CJ (que a ser atendido determina a perda de *quorum* de funcionamento e de decisão deste órgão) e a não convocação de reuniões do CJ desde 4 de Julho último, tudo parece apontar no sentido de que aquela decisão de encerramento *visou também impedir a votação da decisão dos mencionados recursos referentes ao "Apito Final"*.

– De todos os meios legais que a lei punha à sua disposição para lidar com a crise, *o presidente do CJ escolheu, contra o princípio constitucional da proporcionalidade* (Const., art. 266.º, n.º 2), *a solução mais gravosa para o interesse público desportivo*, o qual exigia decisões urgentes naquele dia: escolheu o encerramento imediato da reunião, sem marcação da data da próxima reunião;

– Considero que *a decisão de encerramento tomada pelo presidente do CJ foi um "acto nulo e de nenhum efeito"*, em virtude das seguintes ilegalidade que o viciam;

- Violação do princípio do Estado de Direito Democrático (Const., art. 2.º);

- Violação do princípio constitucional da proporcionalidade (Const., art. 266.º, n.º 2);
- E falta, na decisão, de um elemento essencial do acto administrativo – o fim legal de interesse público. Houve, ali, uma ilegalidade evidente e muito grave: o vício de *desvio de poder*, que consiste no uso de um poder público para fins de interesse privado);
- A sanção legal estabelecida para os actos administrativos a que falte um elemento essencial, neste caso um fim público, é a da *nulidade* (CPA, art. 133.º, n.º 1);

– Para além de a decisão ter sido *nula – e, como tal, ineficaz e não obrigatória para ninguém –*, é de admitir que ela possa configurar o ilícito tipificado como "*abuso de poder*" no artigo 382.º do Código Penal. *Tratando-se de matéria que não é da minha especialidade, sugiro à Direcção da FPF que solicite a atenção da Procuradoria-Geral da República para o assunto*;

– Por último, não posso deixar de chamar a atenção para o temível precedente que constituiria legitimar a conduta do presidente de um órgão colegial que, só para defesa do seu prestígio e para manter o seu cargo, bem como para não perder votações quando está em minoria, encerra antecipadamente as reuniões sem marcar as seguintes, impedindo assim o debate e a votação de propostas de que discorda. Se a moda pega, que se passará a seguir nas autarquias locais, nos institutos públicos, nas entidades autónomas e, por contágio, porventura também nas associações, fundações e sociedades de direito privado? *O problema deveria merecer a atenção do Ministério da Justiça.*

(5) *Quanto à acta da primeira parte da reunião*

– O presidente do CJ, após ter determinado o encerramento da reunião, declarou não querer sair do edifício-sede da FPF, sem que a acta fosse lavrada pelo secretário, Dr. João Leal, e assinada por ambos;

– Teve razão em pretender ter logo uma acta, e uma acta assinada;

– Esqueceu-se, contudo, de que o artigo 33.º do Decreto-Lei n.º 144/93, de 26 de Abril, determina que as actas dos órgãos colegiais das federações desportivas "devem ser assinadas por todos os membros presentes". *O que originou mais um "vício de forma", que, aliás, curiosamente, foi sanado no final da reunião, já depois da meia-noite, pelos 5 vogais que discordaram da decisão de encerramento tomada pelo presidente.*

(6) *Quanto à hora de ponderação sobre o que fazer*

– Depois de o presidente do CJ ter abandonado a sala, permaneceram nesta, com a maior serenidade, primeiro o vice-presidente e os 5 vogais do CJ e, pouco depois, tendo saído o vice-presidente, mantiveram-se os 5 vogais;

– *Com efeito, o vice-presidente tentou convencer o presidente a aceitar uma solução de compromisso ou um consenso que permitisse reabrir a reunião e decidir os processos urgentes*. O presidente recusou;

– O vice-presidente voltou então à sala de reuniões e, informando os cinco colegas, com simpatia pessoal mas *com mágoa, de que não era possível qualquer consenso, declarou que não pretendia continuar na reunião, e saiu*;

– Quando os 5 vogais do CJ ficaram sem presidente e sem vice-presidente, ponderaram reflectidamente sobre o que deviam fazer. E chegaram à conclusão de que podiam e deviam continuar com a reunião, por duas razões fundamentais, que todos me explicaram da mesma maneira:

a) Consideraram que a decisão de encerramento foi nula: portanto, não tinham o dever de a acatar e tinham o direito de a continuar, até porque também tinham *quorum* (5 em 7));

b) Além de considerarem que *podiam* continuar, entenderam que *deviam* continuar: tinham sido eleitos, tinham deveres a cumprir e responsabilidades a assumir, e havia processos muito urgentes, que tinham de ser decididos *naquele dia*, para que as decisões pudessem já ser tidas em conta no sorteio da "Liga Sagres" para a época 2008-2009, marcado para a 2.ª feira seguinte, 7 de Julho;

– Considero esta argumentação acertada, pelo que entendo ser válida perante a lei, e eticamente meritória, a decisão que os 5 vogais tomaram de continuar com a

reunião até ao fim. Na verdade, e como muito bem intuíram, não era esse apenas o seu direito: era esse também o seu dever.

(7) *Quanto à reabertura da reunião e designação de um presidente-substituto*

– Uma vez reconhecida a nulidade do encerramento antecipado da reunião determinado pelo Dr. António Gonçalves Pereira, tal reunião foi reaberta com base na argumentação já referida e por mim apreciada e que consta da acta correspondente (v. o Anexo I).

– Foi então designado um presidente-substituto, nos temos do artigo 4.º do Regimento do CJ, aprovado em 1999. A escolha recaiu no Dr. Álvaro Batista;

– Levanta-se aqui o problema de saber se era ou não aplicável à designação do presidente-substituto a norma do artigo 17.º, n.º 2, do Decreto-Lei n.º 144//93, de 26 de Abril, que exige o *escrutínio secreto* para as deliberações dos órgãos das federações desportivas que se destinem à designação dos titulares de órgãos das mesmas. *A meu ver, o preceito não é aplicável ao caso, porque, segundo os Estatutos da FPF, o presidente do CJ não é um órgão da federação, o órgão desta é o CJ*. Não se tratava, pois, de eleger o titular de um órgão social da FPF, mas apenas de *designar um órgão interno do CJ*: havendo consenso unânime quanto à pessoa a designar, *nada obrigava a adoptar o escrutínio secreto*, naquelas circunstâncias.

(8) *Quanto à segunda parte da reunião*

– Na segunda parte da reunião foram tomadas, pelos 5 vogais presentes, seis decisões, todas relacionadas com o que ocorrera (ou devia ter ocorrido) na 1.ª parte;

– Dessas 6, a primeira e a quinta foram inúteis, na medida em que se limitaram, à cautela, a revogar decisões ilegais tomadas pelo presidente, se elas não fossem por si mesmas nulas. Mas foram: não era, pois, necessário revogá-las. A quarta foi irrelevante para este parecer: decidiu-se enviar cópia da acta da reunião de 4 de Julho de 2008 aos presidentes da FPF e da Assembleia Geral;

– Restam 3 decisões cuja legalidade cumpre apreciar aqui:

a) *A decisão de instaurar processo disciplinar contra o presidente do CJ enferma de "vício de forma", por não constar da ordem de trabalhos da reunião*, não tendo sito accionado o único mecanismo que permitiria suprir a omissão (CPA, art. 19.º);

b) *A decisão de suspender preventivamente o arguido, Dr. António Gonçalves Pereira, em processo disciplinar, enferma do mesmo "vício de forma" que a anterior* e, além desse, de *um segundo "vício de forma"*, que é a *falta de fundamentação da urgência da decisão*, única hipótese que dispensaria, no caso concreto, a necessidade de *audiência prévia* do visado;

— No entanto, qualquer destes vícios de forma só gera anulabilidade, e não nulidade, pois os casos de nulidade estão expressamente indicados na lei, e nenhum destes o está;

— Consequentemente, a decisão de suspender preventi- vamente o presidente do CJ das suas funções, embora afectada por irregularidades formais importantes, sendo meramente anulável, é eficaz e obrigatória para o seu destinatário, pelo menos enquanto não for suspensa ou anulada, quer por efeito automático decorrente da lei, quer por decisão do tribunal administrativo competente. Por conseguinte, *o presidente do CJ, Dr. António Gonçalves Pereira, ficou logo efectivamente suspenso, à face da lei, do exercício das suas funções*. O tribunal administrativo competente poderá, ou não, levantar tal suspensão quando vier a decidir sobre a providência cautelar requerida pelo interessado, o que ainda não sucedeu;

— Finalmente, e quanto à sexta decisão, *o CJ andou bem em não ter tomado conhecimento do requerimento em que se pedia a declaração de impedimento do presidente do CJ em relação aos recursos que diziam respeito ao Boavista F.C.*: com efeito, encontrando-se o presidente suspenso, era inútil estar a declará-lo impedido de votar numa reunião em que ele não podia participar.

(9) *Quanto à terceira parte da reunião*

— Esta terceira parte foi dedicada aos processos de recurso inscritos na tabela para julgamento no dia

4 de Julho de 2008. Digamos que, com esta terceira parte, se entrou finalmente – em linguagem parlamentar – na "ordem do dia";

– Constavam da tabela e foram objecto de apreciação preliminar 11 processos; destes, 8 foram decididos e 3 foram adiados (dos quais 2, por ausência do relator e 1, "devido ao adiantado da hora". Foi pena que este processo não tivesse sido também decidido, o que teria permitido cumprir até ao fim a ordem de trabalhos);

– A reunião foi serena e produtiva, sem incidentes;

– Apenas um dos recursos (o do processo n.º 36) foi decidido por unanimidade;

– Os outros 7 (os n.ᵒˢ 37-38, 41-42-43, e 44-45) foram todos decididos por maioria, com a votação de 4 a 1, tendo votado vencido em todos o vogal Dr. Mendes da Silva, que juntou uma declaração de voto comum aos três grupos apensados, que vai reproduzida no Anexo IV;

– *Note-se bem que o vogal Dr. Mendes da Silva, concordando com o presidente na questão da recusa da validade do aproveitamento de escutas telefónicas* efectuadas em processo de inquérito criminal, e tendo informado todos os colegas, antes da reunião de 4 de Julho, de que votaria contra a admissibilidade dessas provas, como de facto votou, *não hesitou, no entanto, em considerar nula a decisão do presidente de encerrar a reunião às 17h55*, e manteve-se na segunda e terceira partes da reunião, até ao fim dela às 00h45, ora votando com os colegas que estavam ali em maioria, ora contra eles;

– *Não encontrei, em qualquer das decisões tomadas na 3.ª parte da reunião do CJ, nenhuma ilegalidade orgânica, formal, ou procedimental/processual*;

– Como já disse, e repito, não me foi pedido, nem me compete, a análise do mérito intrínseco dos conteúdos das decisões dadas aos recursos que foram apreciados;

– *Concluo, pois, que as decisões tomadas pelo CJ, na terceira parte da reunião de 4 de Julho de 2008, sob o ponto de vista orgânico, formal e procedimental/processual, foram, à luz dos dados de que disponho, conformes à lei administrativa e processual*;

– Todas as decisões do CJ que, ao negarem provimento aos recursos dos acórdãos disciplinares da Comissão Disciplinar da Liga, confirmaram estes mesmos acórdãos e, portanto, confirmaram também as sanções por eles aplicadas, são definitivas, *constituem caso julgado*, foram notificadas às partes e demais interessados, *e são por isso obrigatórias para todos*, sem necessidade (ou possibilidade) de homologação ou qualquer outro acto complementar;

– *No caso de recursos com efeito suspensivo, como os relativos ao Boavista, a decisão recorrida (Comissão Disciplinar da Liga) confirmada pelo CJ, pode agora produzir os seus efeitos*;

– *No caso de recursos sem efeito suspensivo, as decisões da Comissão Disciplinar da Liga já devem ter começado a ser executadas – caso em que a execução deve prosseguir* –; *se, por qualquer motivo especial, não tiverem ainda começado a ser executadas, deve a execução ser iniciada de imediato*;

– Tudo isto tem de ser entendido sem prejuízo do direito dos que ficaram vencidos nestes processos de recorrerem aos tribunais administrativos competentes, conforme o disposto no artigo 18.º da Lei n.º 5/2007, de 16 de Janeiro;

– Por seu lado, os tribunais administrativos hão--de ter em conta, nas acções e nas providências cautelares que tiverem de decidir, os vários preceitos contidos no referido artigo 18.º ("justiça desportiva"). Nomeadamente, julgo importante transcrever aqui o n.º 1 deste artigo, pois poderá ter aplicação em alguns dos processos relativos ao caso "Apito Final": *"Os litígios emergentes dos actos e omissões dos órgãos das federações desportivas e das ligas profissionais, no âmbito do exercício de poderes públicos, estão sujeitos às normas do contencioso administrativo, ficando sempre salvaguardados os efeitos desportivos entretanto validamente produzidos ao abrigo da última decisão da instância competente na ordem desportiva"*.

(10) *Quanto à acta da segunda e terceira partes da reunião*

– A acta referente à segunda e terceira partes da reunião de 4 de Julho constitui uma única acta, pois também houve uma só reunião: a cada reunião corresponde uma acta; cada acta corresponde a uma reunião (CPA, art. 27.º, n.º 1);

– A assinatura, no final da acta completa, dos 5 vogais do CJ que estavam presentes corresponde ao requisito da "assinatura da acta por todos os presentes", formulado para os órgãos das federações desportivas (com excepção das assembleias gerais, por motivos óbvios) no artigo 33.º do Decreto-Lei n.º 144/93, de 26 de Abril.

(11) *Quanto aos factos posteriores à reunião de 4 de Julho de 2008*

– Os 5 vogais do CJ que permaneceram na reunião de 4 de Julho, das 18 h desse dia às 00h45 do dia 5, enviaram cópia da acta de toda a reunião aos presidentes da Assembleia Geral e da Direcção da FPF, "para os efeitos tidos por convenientes";

– O presidente do CJ enviou cópia da mesma acta ao primeiro daqueles destinatários (dando conta disso mesmo ao segundo), e requereu a perda de mandato dos 5 vogais que continuaram com a reunião depois de ele a ter declarado encerrada;

– O CJ nunca mais reuniu, desde 4 de Julho, ou seja, nos últimos 20 dias;

– Dos factos relatados e das declarações que me fizeram os 7 membros do CJ, parece-me *razoável concluir que o CJ se encontra paralisado por um período que pode ser longo e é impossível de prever quanto tempo durará*.Com efeito, verifica-se que:

a) O presidente do CJ não convocou nenhuma reunião do órgão a que preside desde 4 de

Julho de 2008, nem é provável que o faça até ver decidido o requerimento que dirigiu ao presidente da Assembleia Geral, ou que o venha a fazer se a decisão lhe for desfavorável;
b) Mas, se a decisão lhe for favorável, a perda de mandato de 5 membros do CJ *implicará automaticamente a queda de todo o CJ no seu conjunto*, e portanto também a do presidente (ver o artigo 73.º, n.º 2, dos Estatutos da FPF);
c) *Resta a hipótese de os 5 vogais* que decidiram continuar reunidos em 4 de Julho de 2008 *pretenderem levar por diante reuniões normais do CJ* para decidir todos os assuntos que continuam em agenda. *Entendo, porém, que o não podem fazer por convocatória assinada e enviada pelo vogal Dr. Álvaro Batista, que foi designado presidente-substituto* na tarde do dia 4: primeiro, porque essa designação valeu para aquela reunião, mas *não teve o efeito de o transformar em presidente do CJ, cargo que não está vago*; segundo, porque, mesmo para quem entenda, como eu, que o actual presidente se encontra suspenso das suas funções, *há que recordar que existe um vice-presidente do CJ*, cuja principal função é, como se sabe, "assumir a presidência" do órgão "na falta ou impedimento do presidente" (Reg. do CJ, art. 4.º). *Só com a anuência do vice-presidente, mediante convocatórias por ele assinadas e com*

a ordem do dia de cada reunião por ele estabelecida, é que o CJ poderia, eventualmente, funcionar.

Concluo, pois, que nas circunstâncias actuais o CJ está na prática paralisado, e tem-se mostrado incapaz de, por si só, sair da crise em que mergulhou no dia 4 de Julho passado.

§ 6.º
Conclusão geral

80. Acabei de descrever a *situação de facto* em que se encontra presentemente o CJ da FPF. Resta-me, para corresponder ao que me foi pedido na Consulta, procurar indicar com toda a clareza *qual a base jurídica em que deverá apoiar-se a tentativa de encontrar uma saída para a crise*. Terei em conta, ao fazê-lo, que *não me compete a mim resolver a crise do CJ*, mas apenas balizar os termos em que ela poderá ser procurada, chamando a atenção para os seguintes pontos fundamentais:

1) Compete à Direcção da FPF, nos termos do artigo 28.º, n.º 2, aliena g), "zelar pelo cumprimento dos estatutos e das deliberações dos órgão da federação". Compete-lhe também, em consequência do disposto no n.º 3 do artigo 19.º da Lei n.º 5/2007, de 16 de Janeiro, "garantir o funcionamento democrático interno [da federação], bem como a transparência e regularidade da sua gestão, nos termos da lei". *É, pois, à Direcção da FPF que incumbe, por força da lei e dos Estatutos, tomar conhecimento da grave crise que afecta o órgão jurisdicional máximo da federação e, não*

tendo poderes decisórios próprios, colocar perante as suas responsabilidades o CJ e cada um dos seus membros, por um lado, e a Assembleia Geral, por outro. Considero, também, que a Direcção da FPF deveria enviar cópia deste parecer à Procuradoria-Geral da República, a quem compete avaliar se há ou não neste caso indícios da prática de actos de *abuso de poder* ou de *negligência no desempenho de funções públicas*, e porventura de outros ilícitos penais que não tenho meios para investigar;

2) Compete ao presidente da Assembleia Geral, nos termos dos Estatutos, convocar esse órgão em plenário, nomeadamente para o caso de ser requerida a destituição de algum ou alguns membros do CJ, ou de todos, tal como para a eventual realização de eleições intercalares. Ao presidente da Assembleia Geral compete ainda, a título individual, após o adequado procedimento administrativo, decidir – com recurso para o plenário – sobre a perda de mandato de quaisquer membros de órgãos sociais da FPF, como o CJ;

3) *Compete, enfim, ao presidente e aos restantes membros do CJ*, por imperativos constitucionais, legais e éticos, *verificar se têm condições para continuarem no exercício das suas funções. A paralisia que afecta o CJ tem cura, ou não tem?* Por mim, olhando de fora, *creio que não tem: creio que o actual CJ está ferido de morte.*

Não apenas pela rara soma de constantes ilegalidades, algumas graves, que foram cometidas na reunião de 4 de Julho de 2008.

Nem apenas pelo número apreciável de violações, por um ou mais membros, da Constituição, dos Estatutos e regulamentos da FPF e, eventualmente, do Código Penal e dos regulamentos disciplinares aplicáveis – o que é ainda mais grave.

Mas também pela imagem de divisão, falta de solidariedade entre os membros, falta de transparência da actuação do presidente, e incapacidade de auto-disciplina do CJ, a qual era indispensável para se ter evitado a crise e para ser capaz de sair dela sem esperar pela intervenção de terceiros.

É a credibilidade e a confiança dos Portugueses no CJ – órgão máximo da justiça desportiva no âmbito do futebol – que está posta em causa neste momento.

Entendo que *o CJ, nas circunstâncias actuais, não tem condições, internas ou externas, para continuar a exercer as suas funções de tipo jurisdicional com um elevado grau de aceitação social*.

Com responsabilidades desiguais – maiores as do presidente, intermédias as de poucos, e pequenas ou nenhumas da parte de vários –, o CJ desacreditou-se aos olhos dos Portugueses e deu, infelizmente, uma má imagem do futebol português no estrangeiro.

Assim, se é certo que a existência e a composição actual do CJ ainda respeitam a *legalidade formal*, a sua *legitimidade substantiva* está em esvaziamento acelerado, *porque não é possível os cidadãos confiarem num órgão de Justiça que tantas vezes, na sua actuação, viola o Direito que o rege*.

Junto: Uma Adenda, bem como os Anexos I a III (certidão e cópias certificadas emitidas pela FPF) e IV (minuta da declaração de voto emitida pelo vogal Dr. Mendes da Silva).

É este, salvo melhor opinião, o parecer de

DIOGO FREITAS DO AMARAL
(Professor Catedrático aposentado
da Faculdade de Direito
da Universidade Nova de Lisboa)

Apraz-me declarar que subscrevo, sem reservas, o presente parecer. PEDRO MACHETE, Professor Auxiliar da Faculdade de Direito da Universidade Católica Portuguesa

Lisboa, 24 de Julho de 2008

Anexos

Anexo I

CONSELHO DE JUSTIÇA

CERTIDÃO

— Estrela da Conceição Rodrigues Tomás, funcionária do Departamento Jurídico da Federação Portuguesa de Futebol, certifica que a fotocópia em anexo, num total de treze páginas, todas elas devidamente rubricadas e numeradas, corresponde à acta da reunião do Conselho de Justiça efectuada no dia quatro de Julho de dois mil e oito, inserta no livro de actas número um do Conselho de Justiça da Federação Portuguesa de Futebol da gerência relativa ao mandato de dois mil e sete a dois mil e onze, de páginas vinte e quatro a vinte e sete, dela fazendo parte integrante a decisão dos incidentes de suspeição do conselheiro Doutor João Carrajola Abreu suscitados por Boavista Futebol Clube, SAD, nos processos de recurso trinta e seis, trinta e sete e apenso trinta e oito, trinta e nove e apenso quarenta, todos da época dois mil e sete, dois mil e oito e por Jorge Nuno Lima Pinto da Costa, nos processos de recurso quarenta e um e apensos quarenta e dois e quarenta e três, quarenta e quatro e apenso quarenta e cinco, todos da época dois mil e sete e dois mil e oito. ———

— Mais certifica que o original da acta inserida a folhas vinte e quatro, vinte e quatro verso e vinte e cinco se encontra anexo ao respectivo livro de actas. ———

Lisboa, vinte e dois de Julho de dois mil e oito.———

A funcionária,

Estrela da Conceição Rodrigues Tomás

TODOS PELO FUTEBOL

ACTA

— Aos quatro dias do mês de Julho reuniram na sede da Federação Portuguesa de Futebol o Conselho de Justiça da Federação Portuguesa de Futebol, com a presença dos Senhores Conselheiros Gonçalves Pereira; Costa Amorim; Mendes da Silva; Alvaro Batista; Eduardo Santos Pereira; João Abreu e José Salema dos Reis.————————————————————————————
— Foi deliberado solicitar à Comissão Disciplinar da Liga Portuguesa de Futebol Profissional que informe qual o andamento dado à participação efectuada por este Conselho de Justiça cujo visado é o Sr. Luis Filipe Vieira. —
— Processo Recurso nº 19/CJ-07/08: negado provimento. ————————
— Processo Recurso nº 25/CJ-07/08: procedente. ————————————
— Foi negado provimento ao Protesto nº 1/CJ- 07/08. —————————
— Processo de Recurso nº 29-30/CJ-07/08: procedente. ————————
— Nesta altura o Sr. Presidente notificou Sr. Conselheiro João Abreu da decisão de o considerar impedido nos processos de recurso nºs 36, 37-38 e 39-40, bem como nos processos nº 41-43 e 44-45 todos de 2007/08. ————
— De seguida o Sr. Presidente explicou os motivos das suas decisões. ———
— Após esta explicação o Conselheiro Alvaro Batista pediu a palavra, que lhe foi concedida e no uso dela disse: "Considerando a decisão que nos foi comunicada, agora, pelo Senhor Presidente do CJ, em que declara impedido de participar na decisão do Processo de Recurso do denominado "Apito Afinal" nº 36 a 45 por parte do Conselheiro João Abreu os quais considero violarem de forma séria e grave os deveres regulamentares e deontológicos que competem ao Sr. Presidente do CJ; Considerando que se encontra pendente contra o Sr. Presidente do CJ um incidente de suspeição deduzido pelo Paço de Ferreira onde são suscitadas inúmeras questões relativas a ligações entre o Sr. Presidente do CJ e alguns dos recorrentes atrás indicados; Considerando que é do conhecimento de todos os elementos do CJ, neste momento, o sentido dominante de voto nos processos de onde decorre que o CJ se encontra praticamente dividido ao meio no que respeita à consideração do objecto das certidões contendo extractos das escutas telefónicas; Considerando que é para mim uma realidade insofismável perante as posições antes assumidas por todos os Conselheiros que este despacho do Sr. Presidente do CJ irá, com elevado grau de probabilidade, mudar o sentido de voto do CJ relativamente

aos processos indicados; Considerando que no meu ponto de vista a decisão hoje tomada pelo Sr. Presidente do CJ se encontra incorrectamente fundamentada do ponto de vista jurídico; Considerando que o Sr. Presidente, hoje nesta reunião, depois de instado pessoalmente por mim no sentido de admitir revogar o despacho e o discutir com o restante CJ se recusou liminarmente a faze-lo; Julgando ter conhecimento que o Sr. Presidente do CJ terá emitido certidões a requerimento de partes processuais sem conhecimento dos respectivos relatores e com informações que não estão juridicamente correctas; Considerado que tem sido a actuação do Sr. Presidente que tem levado a que este CJ venha sucessivamente adiando a decisão dos processos hoje inscritos em tabela; Considerando que a decisão célere destes processo é extremamente importante para os sorteios dos campeonatos da próxima época; Proponho seja instaurado processo disciplinar ao Sr. Presidente do CJ; Mais proponho que por entender que o mesmo, nesta situação, não tem condições para se manter no exercício das funções seja determinado a sua imediata suspensão; Mais proponho que a decisão seja tomada por voto secreto, no qual não deverei naturalmente votar eu nem o Sr. Presidente do CJ".

— O Sr. Presidente do CJ proferiu o seguinte Despacho: "Deixando de lado os considerandos que o Exmo. Conselheiro Alvaro Batista acaba de proferir, os quais, obviamente irão ser merecedores de adequada e oportuna resposta por parte deste Presidente, reafirmo a plena legalidade da minha decisão ao mesmo tempo que constato que o destinatário, e não só, decidiu não acatar a decisão em apreço a qual foi proferida nos termos legais e no uso dessa competência que me é própria, impondo-me a lei que sobre aqueles requerimentos tomasse a devida decisão.

— Foram-me postos a mim, enquanto presidente do CJ e como tal decidi dois requerimentos de impedimento dum ilustre Conselheiro pelas razões constantes daquela decisão, a qual foi já notificada ao respectivo destinatário.

— Tais arguições de impedimentos ocorreram por verdadeiros interessados e não suscitados em reunião por um outro Conselheiro que, notoriamente, exerce um acto de vingança para com o Presidente que se limitou a exercer uma competência que é sua, em nome da imparcialidade com que deve funcionar este órgão.

— O que se está aqui a passar é totalmente à revelia dos mais elementares princípios da administração da justiça, já para não falar em princípios de natureza ética.

— Face ao exposto, declaro que não existem condições para deliberarmos objectiva e imparcialmente, pelo que, ao abrigo das minhas competências próprias, enquanto Presidente do CJ e nos temos da alínea b) do Artigo 9º do Regimento do CJ entendo não poder esta reunião prosseguir, declarando-a desde já encerrada.

— Está encerrada a reunião pelas 17h55m, ficando sem efeito a discussão e votação dos demais pontos".

— Lido e achado conforme, vai assinada.

> Páginas 24, 24 verso e 25 inseridas
> no livro por cópia. Original anexo ao
> livro.

ACTA
NÚMERO VINTE - CONTINUAÇÃO

Aos 4 dias do mês de Julho de 2008, e sendo 17:55h verificou-se que o Senhor Dr. Gonçalves Pereira, Presidente do Conselho de Justiça, deu por finda a reunião deste Conselho que havia sido por ele convocada sem que permitisse que os membros deste conselho tomassem uma deliberação sobre a proposta apresentada no decurso da reunião por ele presidida, constante da acta por ele subscrita, de instauração de processo disciplinar ao mesmo Dr. Gonçalves Pereira, com suspensão preventiva e imediata das suas funções.

Verifica-se, assim, que o encerramento da reunião deste Conselho foi feita intencional e deliberadamente pelo Dr. Gonçalves Pereira com o fim de tentar impedir tomada de deliberação sobre esta proposta bem como sobre os demais assuntos constantes da Tabela.

Como tal, e uma vez que, nos termos do artº 57.º nº 2 do Regimento do Conselho de Justiça e dos art.ºs 47.º nº 1, alínea f) do Estatuto da FPF, este Conselho tem competência para a instauração de processo disciplinar ao Presidente do Conselho de Justiça, o acto deste, de encerramento da reunião deste Conselho, constitui um acto nulo, o que, aliás, foi expressamente reconhecido e declarado por todos os cinco membros do Conselho de Justiça que se mantiveram na reunião, a saber, os Conselheiros Mendes da Silva, Álvaro Batista; Eduardo Santos Pereira e José Salema dos Reis, pois, para além de Gonçalves Pereira, também o Conselheiro Costa Amorim, abandonou a reunião.

Os 5 membros do Conselho de Justiça acima identificados consideraram que, face à nulidade da referida decisão do Dr. Gonçalves Pereira, que a reunião devia continuar.

Foi de seguida verificado que a Presidência do Conselho de Justiça competia ao Sr. Conselheiro Dr. Mendes da Silva, atenta as faltas do Presidente e do Vice-Presidente, o qual, no uso da palavra, pediu escusa dessa função por, momentaneamente, se sentir indisposto.

Pelo que, a Presidência da reunião, e por consenso dos membros presentes, passou a ser assegurada pelo Conselheiro Dr. Álvaro Batista.

Os Senhores Conselheiros, também por unanimidade, deliberaram, para o caso de não se considerar nula a referida decisão do Dr. Gonçalves Pereira de encerramento da reunião, revogá-la, por considerarem que a mesma teve por objecto impedir a votação de uma proposta, a qual tinha por objecto a instauração de um processo disciplinar com suspensão preventiva e imediata do mesmo como Presidente do Conselho de Justiça, que assim, sempre estaria impedido de tomar parte na respectiva votação, estando-lhe precludido o direito de encerrar a reunião antes de ser tomada deliberação sobre, a proposta, bem como de apreciar e votar os processos de recurso inscritos em Tabela.

Após o que o Presidente em exercício colocou à votação a apontada proposta:

a) de instauração de um processo disciplinar ao Presidente do Conselho de Justiça da F.P.F., Dr. António Gonçalves Pereira, nos termos do artº 57.º nº 2 do Regimento do Conselho de Justiça e do artº 47.º nº 1 alínea f) dos Estatutos da FPF e

b) da suspensão preventiva e imediata do exercício de funções, imposta pela salvaguarda da autoridade e prestígio da Organização Desportiva do Futebol, nos termos do artº 60.º do Regimento do CJ da FPF e do artº 28.º nºs 1 e 2 do Regulamento Disciplinar da FPF.

De seguida o Presidente em exercício retirou-se da sala, por ser o autor da proposta, tendo passado a desempenhar essa função o Sr. Conselheiro Dr. Eduardo Santos Pereira.

A votação efectuou-se por voto secreto e o resultado foi de três votos a favor e um voto em branco, pelo que a proposta foi assim aprovada por maioria dos Conselheiros presentes, sendo válida nos termos do artº 5.º do Regimento deste Conselho.

Tendo regressado à sala o Conselheiro Dr. Álvaro Batista o reassumiu a Presidência da

ACTAS

reunião.

De seguida, os membros do Conselho deliberaram por unanimidade participar a decisão anteriormente tomada ao Presidente da Mesa da Assembleia-Geral e ao Presidente da Federação Portuguesa de Futebol, para os fins tidos por convenientes, através do envio de fotocópias das actas desta reunião.

Seguidamente deliberou o Conselho apreciar o recurso interposto pelo Sr. Conselheiro Dr. João Abreu, da deliberação avulsa do Dr. Gonçalves Pereira como Presidente do Conselho de Justiça, que se anexa à presente acta, onde o mesmo é considerado como impedido de participar na discussão e votar os processos de recurso com os números 36 a 45, com o fundamento de fazer parte da lista de peritos/árbitros a que se refere o artigo 14º do Regulamento do Estatuto, de Inscrição e Transferência dos Jogadores (REITJ), em que, considerando os seguintes factos:

a) os requerimentos que foram objecto de decisão por parte do Dr. Gonçalves Pereira não foram previamente objecto de despachos de aceitação por parte dos Relatores dos respectivos processos, entidades a quem compete em exclusivo assegurar a normal tramitação dos mesmos nos termos do artº 30.º do Regimento deste Conselho;

b) os aludidos requerimentos são constituídos apenas por faxes recebidos, os do Boavista, ontem, nos processos números 36 a 40, e os de Jorge Nuno de Lima Pinto da Costa, emitidos ontem pelas 21H01, com entrada hoje após as 11H00.

c) Os requerimentos da Boavista não se encontram subscritos pelos respectivos mandatários nem por qualquer outro advogado, situação que viola o artigo 22º do Regimento do Conselho de Justiça, não sendo ainda perceptível nos mesmos a identidade dos respectivos subscritores.

d) O exercício por parte do Conselheiro Dr. João Abreu das funções de perito/árbitro, nos termos do artigo 14º do Regulamento do Estatuto, de Inscrição e Transferência dos Jogadores, não constitui impedimento para o exercício de funções como Conselheiro neste Conselho de Justiça (conferir artigo 13º, n.º 2 dos Estatutos da FPF e artigo 8º da Lei 112/99 de 3 de Agosto).

e) Que, por assim ser, o Sr. Conselheiro Dr. João Abreu interveio nos processos ainda hoje decididos na reunião deste Conselho de Justiça (conferir proc. Recurso números 19, 25, 29 e 30, estes dois últimos como Relator, e processo de protesto n.º 1, todos da época de 2007/2008) e, relativamente a todos os processos, o Dr. Gonçalves Pereira não considerou verificar-se impedimento para o Sr. Conselheiro Dr. João Abreu neles intervir e sobre eles deliberar.

f) Que, no que se refere ao incidente de suspeição, os factos alegados pelos requerentes não integram a previsão do artigo 127º do C.P.C. nem a do artigo 48º do Código de Procedimento Administrativo.

g) Que, consultado o Dr. João Abreu, o mesmo informou ser inteiramente alheio à publicação feita no Diário de Notícias, que os requerentes de suspeição lhe pretendem imputar.

Nestes termos e em conclusão, delibera-se por unanimidade, revogar o despacho do Dr. Gonçalves Pereira que considerou verificar-se quanto ao Conselheiro Dr. João Abreu, situação de impedimento e de suspeição para intervir nos processos n.ºs 36 a 45 e, em consequência, considerar ter o mesmo toda a legitimidade para, como membro deste Conselho, intervir nos processos em causa, tomando, relativamente a cada um deles, as deliberações que melhor entender por convenientes.

Seguidamente e relativamente ao incidente de suspeição deduzido contra o Presidente do Conselho de Justiça, Dr. António Gonçalves Pereira, por parte do contra-interessado, Futebol Clube Paços de Ferreira, uma vez que o Dr. Gonçalves Pereira se ausentou da reunião às 17:55h sem que antes tivesse suscitado e fosse analisada a questão da suspeição contra ele levantada pelo contra-interessado Futebol Clube de Paços de Ferreira, o Conselho de Justiça deliberou por unanimidade não a apreciar por inutilidade superveniente da mesma, face à suspensão do Dr. Gonçalves Pereira anteriormente deliberada.

A reunião prosseguiu com a Ordem de Trabalhos inscrita na Tabela.

Sobre o processo de recurso nº 36 – Época 2007/2008, depois de posto à votação o projecto de acórdão, foi deliberado por unanimidade negar provimento ao recurso, confirmando-se a decisão recorrida.

Sobre os processos de recurso nºs 37 e 38 – Época de 2007/2008, depois de posto à votação o projecto de acórdão, foi deliberado por maioria, com 4 votos a favor e um voto contra do Conselheiro Dr. Mendes da Silva, negar provimento aos recursos, confirmando-se a decisão recorrida. O Conselheiro Dr. Mendes da Silva, juntou declaração de voto.

Os recursos 39 e 40 – Época 2007/2008 não foram votados por não estar presente o Relator.

Sobre os processos de recurso nºs 41 a 43 – Época de 2007/2008, depois de posto à votação o projecto de acórdão, foi deliberado por maioria, com 4 votos a favor e um voto contra do Conselheiro Dr. Mendes da Silva, conceder provimento parcial ao recurso de Jacinto Santos Silva Paixão e negar provimento aos restantes recursos, confirmando-se relativamente a estes, as decisões recorridas. O Conselheiro Dr. Mendes da Silva, juntou declaração de voto.

Sobre os processos de recurso nºs 44 e 45 – Época de 2007/2008, depois de posto à votação o projecto de acórdão, foi deliberado por maioria, com 4 votos a favor e um voto contra do Conselheiro Dr. Mendes da Silva, negar provimento aos recursos, confirmando-se a decisão recorrida. O Conselheiro Dr. Mendes da Silva, juntou declaração de voto.

Não foi apreciado o processo de recurso nº 46 – Época 2007/2008, devido ao adiantado da hora.

O processo disciplinar nº 5 – Época 2006/2007 não foi decidido por não estar presente o Senhor Conselheiro Relator.

Os Conselheiros

Anexo I - b

DECISÃO

DOS INCIDENTES DE IMPEDIMENTO E SUSPEIÇÃO DO CONSELHEIRO DR. JOÃO CARRAJOLA ABREU SUSCITADOS POR:

- BOAVISTA F. C., FUTEBOL, SAD, nos proc°s de recurso 36, 37, 38 e 39-40, todos de 2007/2008

- JORGE NUNO DE LIMA PINTO DA COSTA, nos proc°s de recurso 41-43 e 44-45 todos de 2007/2008.

Vieram os recorrentes Boavista Futebol Clube, Futebol, SAD, Jorge Nuno Pinto da Costa e Futebol Clube do Porto, Futebol SAD, arguir o impedimento do Exmo. Conselheiro Dr. João Carrajola Abreu, invocando, para tal e em síntese, o seguinte:
- O Conselho de Justiça é um órgão da Federação Portuguesa de Futebol com funções jurisdicionais;
- Exige-se aos seus membros que julguem com totais garantias de independência e imparcialidade face às partes;
- Para além dos requisitos previstos nos art°s 122° e seguintes do Código do Processo Civil (CPP) e dos art°s 44° e seguintes do Código do Procedimento Administrativo (CPA), devem os membros do Conselho de Justiça encontrar-se numa situação em que não possa existir qualquer conflito de interesses e em que as suas decisões, favoráveis ou desfavoráveis a qualquer das partes, não sejam susceptíveis de vir a traduzir-se, designadamente, em seu possível benefício económico e financeiro;
- Em eventual situação de litígio entre clubes ou sociedades anónimas sobre o montante da indemnização por formação, em caso de requerimento de arbitragem para o efeito, apenas o Presidente da Comissão de Arbitragem é indicado pelo

TODOS PELO FUTEBOL

CONSELHO DE JUSTIÇA

Presidente da FPF, sendo os restantes peritos indicados por cada uma das partes em litígio, que os escolherá tendo por referência a lista de peritos respectiva;

- Ora, a indicação por um clube ou SAD, de um dos referidos peritos, é susceptível de se traduzir em vantagem económica para o perito em causa, já que, nos termos do art°s14° e 15° do Estatuto da Inscrição e Transferência de Jogadores da FPF "a comissão [de arbitragem] decidirá sobre o montante das despesas relativas ao seu funcionamento, incluindo a remuneração dos peritos".

- Os Recorrentes não colocando em causa a honestidade de Ilustre Membro do Conselho de Justiça, consideram não poder, nem dever o mesmo, ser colocado numa situação em que se pode gerar esta aparência de eventual favorecimento de qualquer clube ou SAD, com legítimos direitos ou interesses, directos ou indirectos, no presente processo;

- Poder-se-ia conceber como possível a circunstância de a escolha de tal membro, no passado ou no futuro, como perito em qualquer processo de arbitragem (e tendo em atenção a referida e respectiva remuneração económico-financeira), por qualquer Clube ou SAD com interesse, directo ou indirecto, no presente processo, poder servir como eventual compensação por putativo favorecimento, numa votação no seu decurso, com a agravante da demonstração de tal situação ser praticamente impossível de fazer.

- Acresce ainda o facto de estarmos perante funções, ambas, no âmbito das actividades da FPF, logo, do mesmo universo de clubes ou SAD'S.

- Com estes fundamentos, os recorrentes consideram incompatível com o seu estatuto como membro de Conselho de Justiça, a situação do Exmo. Senhor Dr. João Abreu, por ser simultaneamente membro da lista de peritos para a Comissão de Arbitragem referenciada no art° 14° do Estatuto, da Inscrição e Transferência de jogadores da FPF;

TODOS PELO FUTEBOL

A crise no Conselho de Justiça da Federação Portuguesa de Futebol

CONSELHO DE JUSTIÇA

O Dr. João Carrajola Abreu, quanto ao arguido impedimento suscitado pelo Boavista F.C. veio defender não se verificar em relação a si tal impedimento, porquanto e em síntese:
- os árbitros a indicar por requerente e requerido estão limitados pelo único conflito de interesses no caso existente: não podem ser escolhidos por um clube ou SAD que integra a associação distrital que os nomeou;
- Ainda que indicados pelo clube ou SAD requerente ou requerido, tal perito árbitro exerce a sua função em total independência e sem estar limitado pelo teor das alegações de quem o indicou, sendo remunerado em conta de custas;
- Assim, as comissões de arbitragem da FPF revestem a natureza de um tribunal arbitral;
- A valerem os argumentos do requerente, a função de magistrado judicial seria incompatível com o exercício de funções no CJ da FPF;
- Analisado o caso à luz do art.13º nº2 do Estatutos da FPF, estabelece este que apenas é incompatível o exercício simultâneo de cargos em outros órgãos sociais da FPF, dos seus sócios ordinários e das restantes organizações extra assembleia de agentes desportivos;
- não sendo a dita lista de peritos um órgão social da FPF ou de todas as organizações acima referidas, lógico será que não existe incompatibilidade para o exercício do cargo (...)

Face à similitude de motivos invocados pelo ulterior requerimento de impedimento do Sr. Jorge Nuno Pinto da Costa, e porque o Sr. Conselheiro Dr. João Abreu já se pronunciou nos termos supra enquanto àqueles motivos, não considero necessário ouvi-lo a respeito deste segundo requerimento de impedimento (nº 3 do Art. 45º do CPA).

Analisados os requerimentos apresentados pelo Boavista e por Jorge Nuno Pinto da Costa, através dos quais vem arguido o impedimento do Exmo. Conselheiro Dr.

TODOS PELO FUTEBOL

Diogo Freitas do Amaral

CONSELHO DE JUSTIÇA

João Carrajola Abreu, e, bem assim, o teor da resposta apresentada pelo mesmo Ilustre Conselheiro, considerando-se assim o mesmo Conselheiro ouvido, entendemos não assistir razão a este Ilustre Conselheiro, antes colhendo a posição sustentada pelos Req.tes.

Senão vejamos:

1. Falece sustento legal e factual à redutora argumentação do Ilustre Conselheiro Dr. João Abreu.
2. Efectivamente, o conflito de interesses aduzido pelo Ilustre Conselheiro visado, enquanto tal impeditivo da escolha de perito por um clube ou SAD que integre a Associação Distrital que o nomeou, em nada contende com o impedimento arguido pelos recorrentes.
3. De facto, não se verifica o impedimento ora trazido à colação pelo Ilustre Conselheiro, impedimento que — refira-se — apenas não permitia a sua nomeação enquanto perito.
4. A referida hipótese não prevê, porém, a possibilidade desse mesmo perito poder envergar outra veste, nomeadamente a de Vogal do CJFPF.
5. Para tal hipótese, haverá então que fazer apelo ao invocado art.13º dos Estatutos da FPF, mas não só a este preceito legal.
6. Na verdade, o texto dessa norma diz-nos o seguinte: *Salvo os casos expressamente previstos nos presentes Estatutos, é incompatível o exercício cumulativo de funções em diferentes órgãos sociais da Federação Portuguesa de Futebol ou da Liga, bem como a sua acumulação com o exercício da actividade de Dirigente de Clube ou Sociedade Desportiva ou de Associação, Árbitro, Praticante, Treinador ou qualquer outro agente desportivo.*
7. Assim, e desde logo, o transcrito preceito cinge-se unicamente a situações de incompatibilidade de exercício de funções/actividades, não apresentando sequer um "elenco fechado".

TODOS PELO FUTEBOL

CONSELHO DE JUSTIÇA

8. E por outro lado o referido normativo não afasta a possibilidade de aplicação subsidiária das normas que visam garantir e assegurar a imparcialidade do processo decisório, nomeadamente daquelas que versam sobre impedimentos.

9. Assim sendo, e apesar da sua formal independência, o certo é que os peritos constantes da lista do REITJ não deixam de ser nomeados pelas partes, funcionando, de facto, como seus vogais e retirando benefícios económicos do exercício dessas funções.

10. Só assim se compreende a necessidade do Presidente da respectiva Comissão de Arbitragem ser indicado pelo Presidente da FPF e de se assegurar a imparidade deste órgão colegial, atenta a imparcialidade que urge garantir.

11. Não parece, assim, poderem existir qualquer dúvidas sobre o facto de ser efectivamente possível a circunstância de eventual escolha do Ilustre Conselheiro Dr. João Abreu, como perito em qualquer processo de arbitragem, passado ou futuro – recebendo, enquanto tal, contrapartidas financeiras – por qualquer Clube ou SAD interessada, ainda que indirecta ou reflexamente, nos presentes processos.

12. Relembre-se que o conjunto de "actores" – interessados, contra-interessados, prejudicados, beneficiados, etc. – afectados pela actuação de uma Comissão de Arbitragem e por uma decisão deste Conselho de Justiça é exactamente o mesmo, pois limitado ao conjunto de clubes e SAD que integram a FPF.

13. O regime dos impedimentos visa, sem qualquer margem de dúvida, garantir a total imparcialidade, concreta e abstractamente, de todos e quaisquer membros que sejam chamados a exercer funções decisórias e, *in casu*, a superior função de julgador, por forma a assegurar as garantias de imparcialidade objectiva que pressupõe um processo equitativo – neste sentido, cfr. Sérvulo Correia, Noções, página 255 e nota ao artigo 6.º do

TODOS PELO FUTEBOL

CONSELHO DE JUSTIÇA

Código de Procedimento Administrativo de José Manuel Santos Botelho e outros.

14. Assim, tanto pela possível má interpretação da simultaneidade de exercício de funções de Vogal deste CJ com a situação de perito, com possibilidade de remuneração e a cargo das partes nos autos ou de terceiros – mas sempre no universo de clubes e/ou SAD que integram a FPF –, com interesses contrários, entendo que, com muito respeito pelo comportamento funcional e personalidade do Exmo. Senhor Conselheiro João Carrajola de Abreu, são os interesses de garantia de isenção na administração da justiça disciplinar e imparcialidade do órgão que levam a conhecer e a declarar o arguido impedimento.

Assim, e nos termos dos artigos 45º e 47º do CPA, conheço e declaro a existência e procedência da arguição do impedimento do Exmo. Senhor Conselheiro João Carrajola de Abreu suscitada pelo Boavista F.C. e pelo Sr. Jorge Nuno de Lima Pinto da Costa nos processos de recurso nº 36, 37-38, 39-40, 41-43 e 44-45, todos de 2007/2008, passando o órgão a funcionar, sem intervenção do mesmo Exmo. Senhor Conselheiro impedido, - artigo 47.º, n.º2 do CPA.

Notifique e comunique

2008/07/04

TODOS PELO FUTEBOL

Anexo II

CÓPIA CERTIFICADA

Estrela da Conceição Rodrigues Tomás, funcionária do Departamento Jurídico da Federação Portuguesa de Futebol, **certifica que**:

As presentes fotocópias, as quais constituem cópia da Tabela da reunião do Conselho de Justiça da Federação Portuguesa de Futebol efectuada no dia quatro de Julho de dois mil e oito, estão conforme o original e são constituídas por quatro páginas, por mim numeradas e rubricadas..

Lisboa, vinte e dois de Julho de dois mil e oito.

A funcionária,

(Estrela da Conceição Rodrigues Tomás)

CONSELHO DE JUSTIÇA

TABELA - RECURSOS
Sessão de 04 de Julho de 2008, na sede da Federação Portuguesa de Futebol

Nº. PROC.	PARTES	DECISÃO
29-30/CJ 07/08	RECORRENTES: - ANDRÉ RENATO SOARES MARTINS (jogador) SPORTING-SOCIEDADE DESPORTIVA FUTEBOL SAD RECORRIDO: - CONSELHO DE DISCIPLINA DA FPF	PROCEDENTE
36/CJ 07/08	RECORRENTES: - BOAVISTA FUTEBOL CLUBE - FUTEBOL SAD RECORRIDA: - COMISSÃO DISCIPLINAR DA LPFP	NÃO DECIDIDO
37-38/CJ 07/08	RECORRENTES: - BOAVISTA FUTEBOL CLUBE - FUTEBOL SAD JOÃO EDUARDO PINTO DE LOUREIRO RECORRIDA: - COMISSÃO DISCIPLINAR DA LPFP	NÃO DECIDIDO
39-40/CJ 07/08	RECORRENTES: - BOAVISTA FUTEBOL CLUBE - FUTEBOL SAD JOÃO EDUARDO PINTO DE LOUREIRO RECORRIDA: - COMISSÃO DISCIPLINAR DA LPFP	NÃO DECIDIDO
41-43/CJ 07/08	RECORRENTES: - JORGE NUNO DE LIMA PINTO DA COSTA JACINTO DOS SANTOS SILVA PAIXÃO JOSÉ CARLOS GLANDIM CHILRITO MANUEL ANTÓNIO CANDEIAS QUADRADO RECORRIDA: - COMISSÃO DISCIPLINAR DA LPFP	NÃO DECIDIDO
44-45/CJ 07/08	RECORRENTES: - JORGE NUNO DE LIMA PINTO DA COSTA AUGUSTO JOSÉ BASTOS DUARTE RECORRIDA: - COMISSÃO DISCIPLINAR DA LPFP	NÃO DECIDIDO
46/CJ 07/08	RECORRENTES: - MANUEL MARTINS DOS SANTOS RECORRIDOS: - COMISSÃO DISCIPLINAR DA LPFP	NÃO DECIDIDO

A REUNIÃO DO CONSELHO DE JUSTIÇA AINDA SE ENCONTRA A DECORRER 20,00h de 04/07/2008

CERTIFICO que nesta data afixei no átrio de entrada da Federação Portuguesa de Futebol, uma cópia da presente tabela.

O Departamento Jurídico

TODOS PELO FUTEBOL

2008/07/04

A crise no Conselho de Justiça da Federação Portuguesa de Futebol

FEDERAÇÃO
PORTUGUESA
DE FUTEBOL

CONSELHO DE JUSTIÇA

ADITAMENTO

RECURSOS

Sessão de 04 de Julho de 2008,
na sede da Federação Portuguesa de Futebol

Nº. PROC.	PARTES	DECISÃO
19/CJ 07/08	RECORRENTE: - JOÃO CARLOS FONSECA VILAS BOAS (árbitro) RECORRIDOS: - COMISSÃO DE ARBITRAGEM DA LPFP UNIÃO DESPORTIVA LEIRIA-FUTEBOL SAD	NEGADO PROVIMENTO
25/CJ 07/08	RECORRENTES: - PEDRO MIGUEL SÃO PAYO CARY (jogador) RECORRIDA: - CONSELHO DE DISCIPLINA DA FPF	PROCEDENTE

CERTIFICO que nesta data afixei no átrio de entrada da Federação Portuguesa de Futebol, uma cópia da presente tabela.

O Departamento Jurídico

2008/07/04

TODOS PELO FUTEBOL

CONSELHO DE JUSTIÇA

TABELA - DISCIPLINAR

**Sessão de 04 de Julho de 2008,
na sede da Federação Portuguesa de Futebol**

N°. PROC.	PARTES	DECISÃO
5/Disc. 06/07	*ARGUIDO:* FRANCISCO TAVARES DA COSTA Certidão emitida pelos Serviços do Ministério Público de Matosinhos	Não Decidido

CERTIFICO que nesta data afixei no átrio de entrada da Federação Portuguesa de Futebol, uma cópia da presente tabela.

O Departamento Jurídico.

2008/07/04

TODOS PELO FUTEBOL

A crise no Conselho de Justiça da Federação Portuguesa de Futebol

CONSELHO DE JUSTIÇA

TABELA - PROTESTO

**Sessão de 04 de Julho de 2008,
na sede da Federação Portuguesa de Futebol**

Nº. PROC.	PARTES	DECISÃO
Protesto 01-07/08	PROTESTANTE: - ASSOCIAÇÃO DESPORTIVA SÃO PEDRO DA COVA PROTESTADO: - FUTEBOL CLUBE PEDRAS RUBRAS	NEGADO PROVIMENTO

CERTIFICO que nesta data afixei no átrio de entrada da Federação Portuguesa de Futebol, uma cópia da presente tabela

O Departamento Jurídico

2008/07/04

TODOS PELO FUTEBOL

Anexo III

CÓPIA CERTIFICADA

Estrela da Conceição Rodrigues Tomás, funcionária do Departamento Jurídico da Federação Portuguesa de Futebol, **certifica que:** —————————————————

A presente fotocópia, a qual constitui cópia da Tabela da continuação da reunião do Conselho de Justiça da Federação Portuguesa de Futebol efectuada no dia quatro de Julho de dois mil e oito, estão conforme o original e são constituídas por quatro páginas, por mim numeradas e rubricadas. ————————————————

Lisboa, vinte e dois de Julho de dois mil e oito. ————————————————

A funcionária,

_____
(Estrela da Conceição Rodrigues Tomás)

CONSELHO DE JUSTIÇA

TABELA - RECURSOS
Sessão de 04 de Julho de 2008,
na sede da Federação Portuguesa de Futebol
CONTINUAÇÃO

Nº. PROC.	PARTES	DECISÃO
29-30/CJ 07/08	RECORRENTES: - ANDRÉ RENATO SOARES MARTINS (jogador) SPORTING-SOCIEDADE DESPORTIVA FUTEBOL SAD RECORRIDO: - CONSELHO DE DISCIPLINA DA FPF	PROCEDENTE
36/CJ 07/08	RECORRENTES: - BOAVISTA FUTEBOL CLUBE - FUTEBOL SAD RECORRIDA: - COMISSÃO DISCIPLINAR DA LPFP	NEGADO PROVIMENTO
37-38/CJ 07/08	RECORRENTES: - BOAVISTA FUTEBOL CLUBE - FUTEBOL SAD JOÃO EDUARDO PINTO DE LOUREIRO RECORRIDA: - COMISSÃO DISCIPLINAR DA LPFP	NEGADO PROVIMENTO
39-40/CJ 07/08	RECORRENTES: - BOAVISTA FUTEBOL CLUBE - FUTEBOL SAD JOÃO EDUARDO PINTO DE LOUREIRO RECORRIDA: - COMISSÃO DISCIPLINAR DA LPFP	- ADIADO - - FALTA DO RELATOR -
41-43/CJ 07/08	RECORRENTES: - JORGE NUNO DE LIMA PINTO DA COSTA JACINTO DOS SANTOS SILVA PAIXÃO JOSÉ CARLOS GLANDIM CHILRITO MANUEL ANTÓNIO CANDEIAS QUADRADO RECORRIDA: - COMISSÃO DISCIPLINAR DA LPFP	Parcialmente proce dente quanto a Jacinto Paixão. Negado provimento aos restantes
44-45/CJ 07/08	RECORRENTES: - JORGE NUNO DE LIMA PINTO DA COSTA AUGUSTO JOSÉ BASTOS DUARTE RECORRIDA: - COMISSÃO DISCIPLINAR DA LPFP	NEGADO PROVIMENTO
46/CJ 07/08	RECORRENTES: - MANUEL MARTINS DOS SANTOS RECORRIDOS: - COMISSÃO DISCIPLINAR DA LPFP	- Adiado dado o adiantado da hora -

CERTIFICO que nesta data afixei no átrio de entrada da Federação Portuguesa de Futebol, uma cópia da presente tabela.

O Departamento Jurídico

TODOS PELO FUTEBOL

Anexo IV

FEDERAÇÃO PORTUGUESA DE FUTEBOL

CONSELHO DE JUSTIÇA

Declaração de Voto

Entendo que a posição doutrinária subscrita no parecer do Senhor Professor Manuel da Costa Andrade, constante dos autos e para cuja argumentação e conclusões remeto, é merecedora da minha concordância.

Por isso, por considerar que as escutas telefónicas não podem ser usadas e valoradas como meio de prova em processo disciplinar, o mesmo sucedendo relativamente a transcrições constantes de certidões extraídas de processos do foro criminal, votei contra o presente acórdão.

(Mendes da Silva)

TODOS PELO FUTEBOL

Adenda

Como cidadão e professor de Direito, considero que estamos perante a maior crise vivida até hoje em Portugal no sistema de justiça desportiva, no âmbito do futebol. É algo que já se adivinhava e teve diversos afloramentos anteriores, sobretudo no chamado "Caso Mateus/Gil Vicente", que ao fim de vários anos continua a arrastar-se pelos tribunais.

A crise actual trouxe à luz do dia alguns aspectos muito preocupantes:

a) A composição e o modo de eleição do Conselho de Justiça da Federação Portuguesa de Futebol, independentemente das elevadas qualidades de muitos dos que são ou foram seus membros, estão demasiadamente ligados aos clubes e aos seus interesses para poderem merecer a confiança, o respeito e a aceitação social dos Portugueses em geral, e dos adeptos do futebol em especial;

b) O sistema de negociação e cedências recíprocas para a elaboração das listas a apresentar às eleições quadrienais na Assembleia Geral da Federação Portuguesa de Futebol não é o mais adequado à garantia de isenção, imparcialidade e independência dos membros do

Conselho de Justiça, embora alguns deles tentem e consigam manter a sua integridade moral e profissional contra todos os interesses, pressões e armadilhas. Mas tudo leva a uma enorme instabilidade: só no actual mandato do Conselho de Justiça, com escassos 18 meses decorridos (dentro dos 4 anos previstos), em sete membros efectivos já se demitiram três, todos os suplentes já passaram a efectivos, e nem o presidente nem o vice-presidente são aqueles que em Janeiro de 2007 a Assembleia Geral elegeu para esses dois cargos;

c) O regime de voluntariado gratuito em que actuam os responsáveis pelos órgãos de justiça desportiva não faz sentido quando o número de processos a julgar cresce exponencialmente, nem se coaduna com o valor elevadíssimo dos processos a julgar, que envolvem muitas sociedades anónimas desportivas, algumas cotadas em bolsa, que movimentam no futebol profissional muitas dezenas de milhões de euros por ano;

d) As disposições legais reguladoras do sistema nacional de justiça desportiva, bem com o seu modo de articulação com os tribunais administrativos e com os tribunais criminais, estão desactualizadas, não funcionam com a celeridade indispensável, e criam nos potenciais infractores a sensação de impunidade que os anima a viver sob o lema de que "o crime ou o delito compensam". O Regimento do Conselho de Justiça da F.P.F., pelo seu lado, está profundamente desactualizado, e nem sequer incorpora a maior parte das mais recentes disposições legais aplicáveis;

e) No caso que me foi dado estudar, e que me deu acesso a uma visão mais global da situação, saiu – com grande desgosto o digo – profundamente manchada a imagem, interna e internacional, do futebol português, senão mesmo a imagem de Portugal.

Este é, portanto, o momento de agir. Não se pode fazer mais de conta, nem perder esta oportunidade única. Sem um bom sistema de justiça desportiva, que elimine os vícios do passado e abra uma página nova na história do nosso Direito do Desporto, e na do nosso futebol, caminharemos para um beco sem saída.

Por isso apelo, à Assembleia da República e ao Governo, bem como, no plano que é o seu, à Federação Portuguesa de Futebol, à Liga de Futebol Profissional e ao Instituto Nacional do Desporto – cada um na sua área própria de competência – para que empreendam sem demora a urgente revisão da legislação sobre disciplina e justiça desportiva, começando pelo sector crítico do futebol, na qual se incluam pelo menos os seguintes pontos:

1) Criação de um "Tribunal do Desporto", como órgão judicial do Estado;

2) Sua constituição por juízes de carreira, provenientes dos tribunais judiciais e dos tribunais administrativos;
3) Esses juízes deverão ser magistrados no activo, pertencentes aos tribunais superiores, afectos em tempo integral ao "Tribunal do Desporto", e designados mediante sorteio realizado em público;
4) Extensão a este tribunal do apoio institucional dos magistrados do Ministério Público, tal como em relação aos outros tribunais;
5) O Tribunal do Desporto deveria ser considerado como tribunal especializado, e poder concentrar, por secções, as principais funções actuais dos conselhos de justiça das federações desportivas e dos tribunais administrativos comuns, quer em matéria de acções e intimações, quer sobre providências cautelares. Uma grande celeridade no andamento e decisão dos processos, como sucede com a justiça desportiva italiana, tem de ser uma característica essencial deste novo tribunal. Naturalmente que os clubes, as ligas e as federações hão-de manter a sua competência disciplinar exclusiva em "questões estritamente desportivas", sem prejuízo do controlo jurisdicional da regularidade formal dos procedimentos e decisões.

24.7.08

Índice

Nota Prévia 5

Consulta 7

PARECER

§ 1.º **Considerações preliminares** 15

§ 2.º **Como surgiu o problema?** 21

§ 3.º **Questões a resolver** 29

§ 4.º **Os factos relevantes e o Direito aplicável** 31

§ 5.º **Síntese das conclusões parcelares** 119

§ 6.º **Conclusão geral** 137

Anexos 141

Adenda 167